ZEITREISE HEILBRONN

ULRICH MAIER

ZEITREISE HEILBRONN

Menschen, Orte und Ereignisse,
die Geschichte schrieben

SILBERBURG

INHALT

Der Bollwerksturm aus staufischer Zeit war einst Bestandteil der Stadtbefestigung.

Der Heilbronner Hafen ist einer der größten Binnenhäfen Deutschlands.

Die Maskenköpfe über der Eingangsfront des Heilbronner Theaters stammen vom Alten Theater, einem Jugendstilbau, der 1970 für einen Neubau gesprengt wurde.

VORWORT

Als »junge, blühende Handelsstadt, gepfropft auf den knorrigen Stamm einer uralten Reichsstadt« hat Gustav Schwab Heilbronn im Jahr 1847 charakterisiert. Die Wurzeln reichen tief, bis in vorgeschichtliche Zeiten. Besiedelt ist das Stadtgebiet kontinuierlich seit der Jungsteinzeit. Der Name *Helibrunna* wird bereits im 8. Jahrhundert genannt. Als Reichsstadt wird Heilbronn im Spätmittelalter ein selbständiges Staatswesen mit eigenem Territorium und eigener Regierung, selbstverwaltet und nur dem Kaiser verpflichtet. Die Lage am Fluss, umgeben von Weinbergen, im Schnittpunkt wichtiger Fernstraßen hat Heilbronns Aufstieg begünstigt. Die Schlüsselstellung am Neckar bringt Reichtum in die Stadt. Das zeigt sich beispielsweise an den großen Repräsentativbauten des 16. Jahrhunderts wie dem Rathaus und dem Turm der Kilianskirche, den kein religiöses Symbol auf seiner Spitze schmückt, sondern ein wehrhafter Stadtsoldat mit dem Banner der Reichsstadt.

Durch den Übergang an Württemberg verliert Heilbronn im frühen 19. Jahrhundert zwar seine Unabhängigkeit, erhält aber entscheidende Impulse für die Industrialisierung. Die reichsstädtische Tradition mag dafür verantwortlich sein, dass in Heilbronn freiheitliches Denken besonders gepflegt wird, so im Umfeld der Revolution 1848/49. Aber auch in den folgenden Jahrzehnten bleibt Heilbronn bekannt für demokratischen Liberalismus und gilt als Hochburg der Sozialdemokratie. Während der Weimarer Republik bleibt Heilbronn zurückhaltend gegenüber dem Aufstieg des Nationalsozialismus. Aber die Mehrheit seiner Bewohner akzeptiert – begeistert oder stillschweigend – die vollständige Umgestaltung des gesellschaftlichen und politischen Lebens in den Jahren nach 1933 und duldet den faschistischen Terror. Doch formiert sich auch Widerstand.

In den letzten Monaten des Zweiten Weltkriegs wird die Innenstadt vollständig zerstört. Als »Wunder von Heilbronn« gilt, was ein Zeitgenosse 1955 in die Worte fasste: »Keiner von uns, auch der Zuversichtlichste nicht, hat geglaubt, dass eine Stadt, die in Jahrhunderten gebaut worden ist, nach ihrer Zerstörung so schnell wiedererstehen könnte.«

Das vorliegende Buch möchte Ihnen in 55 Stationen ausgewählte, typische Episoden vorstellen, die kurz und prägnant den Weg der Neckarstadt durch die Jahrhunderte beleuchten. Es will einen Überblick bieten, aber auch die Besonderheiten herausstellen. Neugierig geworden? Dann kommen Sie mit auf die Zeitreise durch die Geschichte Heilbronns.

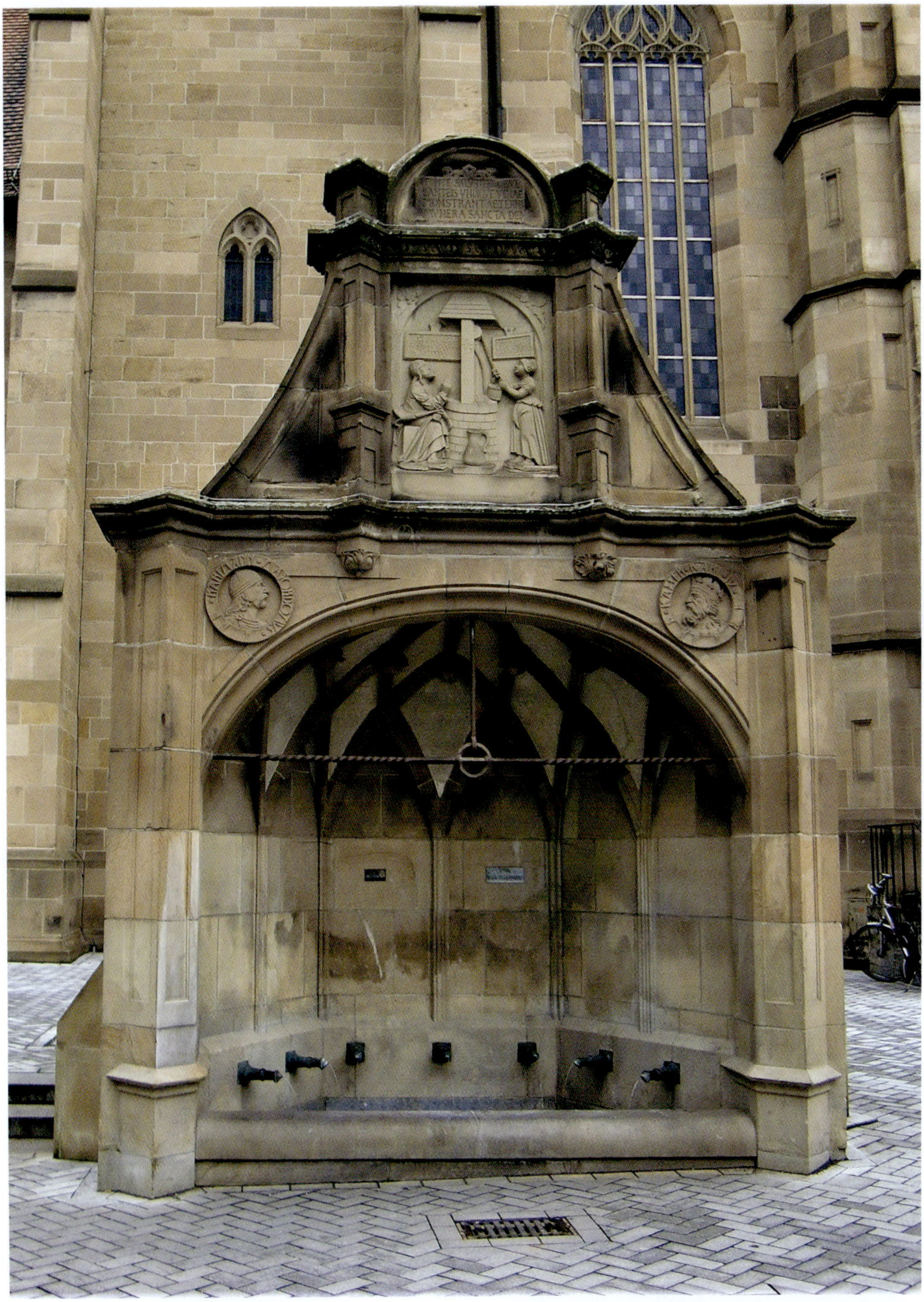

Der Siebenröhrenbrunnen erinnert an den Brunnen bei der Kilianskirche, der Heilbronn seinen Namen gab.

Massaker in der Jungsteinzeit

Tatort Talheim, acht Kilometer südlich von Heilbronn: Im März 1983 ist Weinbauer Erhard Schoch dabei, ein Frühbeet im Garten bei seinem Haus tiefer zu legen. Da stößt er auf eine große Anzahl menschlicher Knochen. Verstört über den unerwarteten Fund informiert er die Behörden. Zunächst erscheint die Polizei, die sich aber bald für nicht zuständig erklärt. Dann rücken die Archäologen an.

Die Ausgrabungen und die anschließende Auswertung erregen international hohes Aufsehen. Was ist damals vor gut 7000 Jahren geschehen? In der Grube unter dem Frühbeet liegen Skelette von 34 Menschen, alle durch brutale Gewalt ums Leben gekommen. Erschlagen die meisten mit Steinbeilen, deren Spuren an den Schädeldecken deutlich sichtbar sind. Auch Verletzungen durch Pfeilschüsse können festgestellt werden.

Eine genauere Analyse ergibt, dass es sich um neun Männer, sieben Frauen und zwei Erwachsene unbestimmbaren Geschlechts im Alter von 20 bis 60 Jahren handelt. Die übrigen 16 Skelette können Kindern und Jugendlichen von 2 bis 20 Jahren zugeordnet werden. Wurde hier ein ganzes steinzeitliches Gehöft überfallen und ausgelöscht? Jedenfalls weisen gleich mehrere Schädel Verletzungen am Hinterkopf auf. Die Betroffenen befanden sich also auf der Flucht. Aber einige der Überfallenen leisteten wohl Widerstand. Denn unter den Skeletten stellen die Forscher Individuen fest, die nicht zu der Gruppe gehören, aber trotzdem bei der Auseinandersetzung den Tod fanden.

Bei den Skeletten liegen auch Bruchstücke von Tongefäßen aus der Zeit der Bandkeramik, wie Archäologen diese Epoche der frühen Jungsteinzeit nennen. Der mittlere Neckarraum war damals schon relativ dicht besiedelt. Auf der Filderebene, südlich von Stuttgart, lagen beispielsweise vor 7000 Jahren Dörfer nur wenige Kilometer voneinander entfernt. Rund um Heilbronn war es ähnlich. Bei Bad Friedrichshall, acht Kilometer nördlich von Heilbronn, haben Archäologen ein steinzeitliches Dorf ausgegraben, in dem vor 6000 Jahren an die 150 Menschen wohnten. Es war mit einer Palisade umwehrt und hatte vier Eingangstore. In Heilbronn-Klingenberg schützten sich Dorfbewohner mit einer hohen Wand aus Holzbohlen und tiefen Gräben. Die Menschen der Jungsteinzeit rechneten also mit Überfällen und versuchten Angreifer abzuwehren. In der Archäologischen Sammlung der Städtischen Museen Heilbronn informiert eine Ausstellungsinszenierung über das Massaker von Talheim. Dort können Besucher auch lebensechte Rekonstruktionen von Dorfbewohnern aus der Jungsteinzeit sehen und manches über die Lebensumstände in dieser Zeit erfahren.

Die Schädel des Fundkomplexes »Massaker von Talheim« weisen Verletzungen durch Steinbeile auf.

1000 vor Christus

Der Bronzegießer von Heilbronn-Neckargartach

Beim Ausheben einer Grube zur Einwinterung von Rüben stößt ein Landwirt aus Heilbronn-Neckargartach im Herbst 1953 auf merkwürdige Sandsteinplatten mit Eingravierungen. Pflichtbewusst meldet er den Fund den Behörden. Einstweilen wird es nichts mit dem Rübeneinlagern.

Die Archäologen, die bald auf seinem Acker graben, bergen 18 Gussformen aus der Bronzezeit. Sie dienten vor 3000 Jahren zum Anfertigen von Waffen und Werkzeugen: Formen für Schwerter, Messer, Sicheln, Pfeil- und Lanzenspitzen und Beile. Nirgendwo sonst in Mitteleuropa hat man so viele Formen an einem Platz gefunden. Ganz in der Nähe lag eine Siedlung aus der späten Bronzezeit. Der Gießer hatte wohl am Ortsrand gearbeitet, denn seine Arbeit war nicht ungefährlich. 900 Grad Hitzeeinwirkung haben die Archäologen an den Formen festgestellt.

Die Gussformen bestehen aus zwei Hälften, die zusammengelegt und fest verbunden wurden. In den ausgesparten Kanal füllte der Handwerker die glutheiße Bronze. Nach dem Erkalten trennte er die Formen und entfernte die Gussfahnen. Er arbeitete bereits in Serienproduktion. Mit einer Gussform konnte er gleichzeitig drei Pfeilspitzen gießen. Und im Gegensatz zum Sandguss oder dem Wachsausschmelzverfahren mit Hohlkörpern aus Ton konnte er seine hochwertigen Sandsteinformen immer wieder verwenden. Wegen der überregionalen Bedeutung des Depotfundes von Heilbronn-Neckargartach wanderten die Fundstücke ins Württembergische Landesmuseum nach Stuttgart. Naturgetreue Nachbildungen sind in den Archäologischen Sammlungen der Städtischen Museen Heilbronn zu sehen, mit weiteren Objekten, die über das Leben in der Bronzezeit informieren.

Woher bekam der Gießer Kupfer und Zinn für seine Bronze? Eine spannende Frage! In der weiteren Umgebung sind keine Kupferbergwerke aus dieser Zeit bekannt. Die nächstgelegenen Abbaustätten liegen in den Schweizer und Österreichischen Alpen. Zinn gab es vor allem auf den Britischen Inseln. Das Metall musste also in den Heilbronner Raum eingeführt werden. Das lässt auf ein ausgedehntes Handelsnetz schließen. Schmuck, Werkzeuge und Waffen aus Bronze waren deshalb sehr teuer, aber nicht unerschwinglich. Alltagsgegenstände wie Sicheln für die Getreideernte machen das deutlich, und ein spezieller Fund aus Bad Friedrichshall: Dort wurde einem Toten ein Rasiermesser ins Grab mitgegeben, dessen Form standardisiert war. Der Mann am Ende der Bronzezeit rasierte sich.

Besonders reich an Gräbern aus der späten Bronzezeit ist das dicht bebaute Stadtgebiet rechts und links des Neckars. Dabei handelt es sich um Urnenbestattungen. Die Toten wurden verbrannt und in Gräberfeldern beigesetzt.

Bronzezeitliche Gussformen für Werkzeuge und Waffen aus Heilbronn-Neckargartach.

500 vor Christus

Keltische Salzsieder

Tief unter der Erde Heilbronns dehnen sich die größten Salzvorkommen Mitteleuropas aus. An einigen Stellen der Region tritt das Salz in Solequellen an die Oberfläche. Das nutzten bereits die Kelten. Der Heilbronner Raum war in der Keltenzeit dicht besiedelt. Das beweisen zahlreiche Siedlungsfunde im Bereich der Kernstadt und in den Teilorten Neckargartach, Böckingen, Kirchhausen, Horkheim oder Frankenbach.

Archäologen fanden bei ihren Ausgrabungen eine Menge Tonscherben von *Briquetage,* wie man die Gefäße nennt, in denen die Kelten durch Verdampfung von Sole Salz gewannen. Aber nicht alle Scherben weisen darauf hin, dass am Fundort selbst Salz gewonnen wurde, denn dieser wertvolle Stoff wurde im weiten Umkreis gehandelt und gleich in den typischen Tongefäßen transportiert. Doch die keltische Salzgewinnung im Heilbronner Raum ist in den nahegelegenen Orten Bad Friedrichshall, Offenau und Bad Rappenau eindeutig nachgewiesen.

Und so funktioniert's: Um das Salzwasser zu konzentrieren, gradiert man die Sole zunächst, beispielsweise indem man sie in flachen Schalen in die Sonne stellt. Dann wird die konzentrierte Salzlösung in Tongefäße gefüllt. Darunter wird Feuer gemacht und bei 80 bis 100 Grad verdampft das Wasser. Zurück bleibt eine Salzkruste.

Da die Kelten schriftlich nichts überliefert haben, wissen wir nur über archäologische Funde von ihnen – und von griechischen und römischen Schriftstellern. Im 5. Jahrhundert vor Christus erwähnte Herodot die keltische Stadt Pyrene, vermutlich handelt es sich dabei um die stadtartige Siedlung um die Heuneburg an der Donau bei Herbertingen. Caesar beschreibt das Volk der keltischen Helvetier, das zwischen Main und Bodensee, also im Bereich des heutigen Baden-Württembergs siedelte, im 1. Jahrhundert vor Christus südwärts zog und den Gallischen Krieg auslöste, den Caesar ausführlich schilderte.

Noch eine keltische Besonderheit wird in der Archäologischen Sammlung der Städtischen Museen Heilbronn gezeigt: keltische Münzen aus Silber oder Gold, wegen ihrer Form *Regenbogenschüsselchen* genannt. Man prägte die Metallscheibchen mit einem Hammer, dabei wölbte sich eine Seite leicht schüsselförmig nach oben. Nach dem Pflügen der Äcker kamen sie manchmal ans Licht und vor Jahrhunderten entstand so die Sage von den *Regenbogenschüssele*. Man würde die kleinen Silberschüsselchen finden, wo der Regenbogen die Erde berührt. Daher der Name. Eine dieser Münzen wurde im nahen Weinsberg geborgen. Sie zeigt auf der einen Seite einen gelockten Kopf, auf der anderen ein X mit buchstabenähnlichen Zeichen, die an ein V, ein O, ein L und ein C erinnern.

▲ In der Archäologischen Sammlung der Städtischen Museen Heilbronn wird die Weinsberger Keltenmünze gezeigt. ▼ Nachbildung einer keltischen Salzgewinnungsanlage in den Städtischen Museen Heilbronn.

150 nach Christus

Der letzte Kommandant des Römerkastells Heilbronn-Böckingen

Vermutlich war er der letzte Kommandant des Römerkastells Heilbronn-Böckingen, bevor die Einheit weiter östlich an den vorgeschobenen Limes bei Öhringen verlegt wurde. Sein Name ist uns in Inschriften aus Böckingen überliefert. Er ließ ihn gleich auf drei Steinaltären verewigen. Einer ist der Fortuna, einer dem Apollo und einer dem Sonnengott geweiht.

Fortuna steht für das Glück, die Gunst des Schicksals, Apollo für die Gesundheit, die Künste und die Weissagung. Zwei der Weihesteine sind auf das Jahr 148 datiert. Darin ist auch vermerkt, dass der Zenturio *Publius Nasellius Proclianus* von der 8. Legion in Straßburg an den Neckar versetzt worden war.

In der Garnison Böckingen waren von zirka 85 bis zirka 160 nach Christus Grenztruppen des Römischen Reiches stationiert. Ziegelstempelabdrücke, die bei der Ausgrabung der Reichslimeskommission 1895 bis 1897 dokumentiert wurden, geben Auskunft über ihre Herkunft, so beispielsweise: *Cohors II Hispanorum, Cohors V Delmatarum, Cohors I Helvetiorum*. Diese Kohorten stammten also aus Spanien, Dalmatien oder dem Gebiet der Helvetier. Überliefert ist in einer Inschrift auch der Name eines Zenturios aus dem *Numerus Brittonium Murensium*. Er hieß *Cassius Troianus* und seine Einheit bestand wohl aus Briten. Um das Lager entstand ein Lagerdorf, wo sich Handwerker und Händler ansiedelten. Üblicherweise gab es dort auch Bäder, Gasthäuser und Heiligtümer. Aus manchen dieser Lagerdörfer entwickelten sich später größere Siedlungen oder sogar Städte, wie in Bad Wimpfen im Tal.

Nach ihrer Dienstzeit erhielten Veteranen als Altersversorgung Land in der Umgebung für einen römischen Gutshof. Im Stadt- und Kreisgebiet Heilbronn sind zahlreiche solcher Gutshöfe nachgewiesen, wie im Gewann *Wolfszipfel* am Wartberg, in Weinsberg oder in Lauffen. Sie waren teilweise ummauert, besaßen ein großes Hauptgebäude aus Stein, zahlreiche Nebengebäude in Holzbauweise und meist ein angebautes oder freistehendes Badehaus. Im Weinsberger Römerbad fand man eine schöne Plastik (Fortunastatue). In manchen römischen Gutshöfen standen Jupitergigantensäulen wie in Hausen an der Zaber, häufig auch Steinaltäre, die römischen und keltischen Gottheiten geweiht waren.

Feld und Flur im römischen Südwesten wurden intensiv landwirtschaftlich genutzt, der Holzbedarf war immens und entsprechend wurde rigoros gerodet. Es gab ein differenziertes System von Fernstraßen und Verbindungsstraßen zwischen den Kastellen und Zivilsiedlungen. Die Provinz Obergermanien, zu der Böckingen gehörte, war in Bürgerschaften (*civitates*) mit weitgehender Selbstverwaltung eingeteilt. Hinter dem Limes entwickelte sich bis zur Mitte des 3. Jahrhunderts eine lebendige keltisch-römische Mischkultur.

Rekonstruktion von Rüstung und Waffen eines römischen Zenturios.

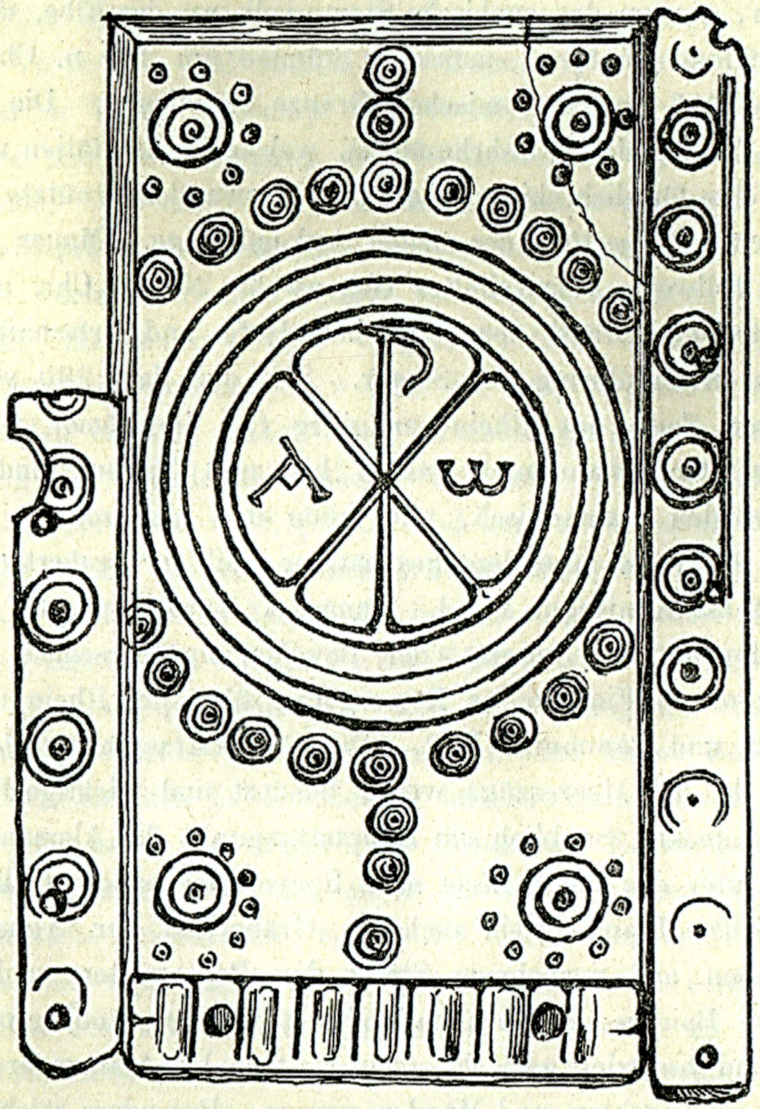

S. No. 1451.

5. Jahrhundert nach Christus

Das Beinkästchen vom Heilbronner Rosenberg

Zu Beginn des 20. Jahrhunderts grub der Heilbronner Arzt, Anthropologe und Archäologe Alfred Schliz am Rosenberg, südlich der Innenstadt von Heilbronn, ein Gräberfeld aus, das zu einer alamannischen Siedlung bei der Götzenturmstraße gehörte. Die Funde vom Rosenberg sind nicht mehr vorhanden. Sie waren im Alfred-Schliz-Museum im Alten Friedhof untergebracht und fielen dem Bombenangriff am 4. Dezember 1944 zum Opfer. Doch sind sie mit ausführlichen Beschreibungen, Zeichnungen und Fotografien gut belegt.

In einem Frauengrab am Rosenberg fand Schliz unter anderem ein bemerkenswertes Kästchen mit Schiebedeckel. Auf diesem befand sich ein Christusmonogramm, die griechischen Buchstaben X (Chi) und P (Rho), das sogenannte Konstantinische Kreuz. Sie bilden die beiden ersten Buchstaben von »Christos«. Rechts und links schließen sich die Buchstaben Alpha und Omega an, womit das griechische Alphabet beginnt beziehungsweise endet. Die Bedeutung ist klar: »Christus vom Anfang bis zum Ende«. War die hier bestattete Alamannin also Christin? Das mag sein, aber ein eindeutiger Beweis für frühes Christentum in Heilbronn ist das nicht. Das Kästchen stammt wohl aus einer spätrömischen Werkstatt, vielleicht aus Italien oder Gallien. Wie kam es dann zum Rosenberg?

Im 3. Jahrhundert nach Christus stürmen die Alamannen den Limes und zwingen die Römer, sich aus Südwestdeutschland zurückzuziehen. Die Grenze wird zum Oberrhein, zur Donau und zur Iller zurückverlegt. Alamannen rücken in die ehemalige römische Provinz vor und bauen hier ihre typischen strohgedeckten Langhäuser mit Stall und Wohnhalle unter einem riesigen Dach. Doch die Alamannen überwinden auch die neue Grenze, fallen auf Raubzügen weiterhin in römisches Reichsgebiet ein und dringen tief nach Gallien und nach Oberitalien vor.

Das Beinkästchen vom Rosenberg wird als ursprüngliches Reliquienkästchen gedeutet. Vermutlich wurde es in einer frühchristlichen Kirche aufbewahrt. Möglicherweise kam es als Beutegut zum Heilbronner Rosenberg. Vielleicht diente es der Alamannin als Schmuckschatulle. Jedenfalls war ihr das Kästchen so wichtig, dass man es ihr ins Grab mitgegeben hat. Ob sie die christliche Symbolik gekannt hat, ist ungewiss.

Im Heilbronner Raum lassen sich seit dem 4. Jahrhundert Alamannen nachweisen. Sie kamen mit den ersten Einwanderern nach dem Fall des Limes. Zahlreiche Funde in Böckingen, Neckargartach, am südlichen Wartberg und in der Kernstadt legen nahe, dass es einige alamannische Siedlungen im heutigen Stadtgebiet gegeben hat.

Der Schiebedeckel des Kästchens, das aus Holz und Knochen gefertigt war, zeigt das Christusmonogramm.

600 nach Christus

Der Horkheimer Reiter aus der Merowingerzeit

1969 legen Archäologen auf der Gemarkung des Heilbronner Teilorts Horkheim das Grab eines fränkischen Kriegers aus der Merowingerzeit frei. Sein Skelett ist erstaunlich gut erhalten. Die Untersuchung ergibt, dass der Horkheimer Reiter, wie er bald in Forscherkreisen genannt wird, im Alter von zirka 30 Jahren starb. Woran, ist unklar.

Der etwa 1,75 Meter große Krieger weist keine sichtbaren Knochenverletzungen auf - bis auf eine leichte Veränderung des Gelenkkopfes am rechten Oberschenkelknochen, eine sogenannte Reiterfacette. Sie war durch häufige Belastung des Hüftgelenks entstanden und hatte sich beim langen Reiten herausgebildet. Den Reiter hat sie wohl nicht weiter gestört.

Bei der Untersuchung der Grabbeigaben gibt es weitere Überraschungen. In einer Bronzeschüssel liegt ein großer, verzierter Kamm, gefertigt von einem langobardischen Beinschnitzer, außerdem eine Lanzenspitze und eine Trense mit feinen Metalleinlegearbeiten aus Italien. Der Schildbuckel gibt weitere Rätsel auf. Solche Schildtypen kennt man von Skandinavien. Wie kam er in den Besitz des Horkheimer Reiters? Die Archäologin Ursula Koch, die sich mit dem Fund ausführlich befasst hat, vermutet, dass er in den Ostseeländern unterwegs war und den Schild dort als Gastgeschenk erhalten hat. Aber er reiste wohl auch zu Pferd nach Italien, war also in weitem Umkreis unterwegs.

Die Art der Bestattung und die Beigaben legen nahe, dass er zu einer einflussreichen fränkischen Adelsfamilie gehörte, die ihren Hof in Horkheim hatte. Weitere Funde von Reitergräbern in Horkheim unterschiedlichen Alters unterstützen diese Vermutung. Über Generationen scheint die Familie hier ansässig gewesen zu sein.

Der Heilbronner Raum liegt an der wichtigen Nord-Südverbindung von Rhein und Neckar zu den Alpen und weiter nach Italien. So war der Horkheimer Hof wohl einer von vielen politischen und militärischen Stützpunkten fränkischer Herrschaft an dieser Route.

Auf dem Stadtgebiet sind eine ganze Menge weiterer Gräber aus fränkischer Zeit bekannt, so in der Kernstadt, in Böckingen, Frankenbach und Neckargartach. Die Franken hatten um 500 nach Christus die Alamannen entscheidend besiegt und im ersten Drittel des 6. Jahrhunderts ihre Herrschaft auf das nördliche Alamannien ausgedehnt. Die Oberschicht floh nach Süden zu befreundeten Germanenreichen in Burgund oder Italien. Grabbeigaben in der Provinz Vicenza, die damals zum Ostgotenreich gehörte, und aus der Gegend um Genf zeigen, dass alamannische Adelige hier gelebt haben und beigesetzt wurden. Dagegen scheint die alamannische Bauernbevölkerung nicht in größerem Umfang abgewandert zu sein.

Die Franken bauten nun im ehemals von alamannischem Adel beherrschten Gebiet eine eigene Verwaltung auf. Fränkische Krieger wurden an zentralen Stellen angesiedelt, um das Land zu kontrollieren. Der Horkheimer Reiter war einer von ihnen.

Nachbildung des Grabes des Horkheimer Reiters in den Städtischen Museen Heilbronn.

8. Jahrhundert

Karl der Große und der heilige Brunnen zu Heilbronn

Im 8. Jahrhundert tritt Heilbronn ins Licht der Geschichte, als die Franken Alamannien ihrem Herrschaftsbereich längst einverleibt und mit der Mission der heidnischen Alamannen begonnen haben. Vor mehr als 1300 Jahren bestand hier eine fränkische Siedlung von einiger wirtschaftlicher und politischer Bedeutung, die seither ihren Namen nur wenig verändert hat. Aber was hat Karl der Große damit zu tun?

Eine alte Sage erklärt den Namen der Stadt auf folgende Weise: Kaiser Karl der Große befand sich auf der Jagd in den dichten Wäldern des Neckartals und der angrenzenden Berghöhen. Nach anstrengendem Ritt erreichte die Jagdgesellschaft eine sonnige Waldwiese, wo eine klare Quelle entsprang. Dem Kaiser gefiel die Umgebung und er wollte hier rasten. Als er vom Wasser der Quelle getrunken hatte, fühlte er sich wie neugeboren. Alle Müdigkeit war von ihm abgefallen. Da entdeckte er neben der Quelle einen heidnischen Altar der Alamannen, die dort zu ihren Göttern beteten, und befahl, diesen einzureißen und an seiner Stelle ein Kreuz und später eine Kirche zu errichten. Die Quelle diente fortan als Taufbrunnen für die Heiden.

Die Sage hat einen wahren Kern. Aber auf Karl den Großen kann sie nicht zurückgehen. Dieser ist erst im Jahr 747 oder 748 geboren, so genau weiß man das nicht. Doch bereits 741 hatten die Karolinger eine Kirche zu »Helibrunna« dem Bistum Würzburg geschenkt. Unbestritten bezieht sich der Name auf die Quelle, die neben der späteren Kilianskirche entsprang und in der Zeit der fränkischen Mission im 7. Jahrhundert wohl auch als Taufbrunnen gedient hat. Forscher haben außerdem herausgefunden, dass das Wort nicht alamannischen, sondern fränkischen Ursprungs ist und von den Franken bereits im christlichen Sinne verwendet wurde, wenngleich einige von ihnen die These vertreten, dass »heilig« auch als »heilbringend« verstanden werden kann. Jedenfalls ließen die Franken, nachdem sie das Land von den Alamannen übernommen hatten, dort den christlichen Glauben durch irische und schottische Mönche verbreiten. Im Bereich des Bistums Würzburg, zu dem Heilbronn gehörte, wirkte der Frankenapostel Kilian als Missionar, bevor er 689 ermordet wurde.

Die fränkischen Könige gründeten in Heilbronn einen Königshof. Dessen Einzugsbereich reichte im Norden bis zum Wartberg, im Osten bis Ellhofen, im Süden bis Horkheim und im Westen bis zum Neckar. In der näheren Umgebung gab es weitere Königshöfe: so in Wimpfen, Lauffen und Ilsfeld. Der Heilbronner Königshof bildete die Keimzelle für einen zentralen Ort, aus dem sich im Hochmittelalter die Stadt Heilbronn entwickelte. Er lag an einem Neckarübergang und am Kreuzungspunkt wichtiger Fernstraßen. Eine von ihnen, die Fränkische Heerstraße, führte von Frankfurt über Heilbronn nach Italien. Offenbar war der Hof groß genug, um einen König mit seinem Gefolge aufzunehmen, denn König Ludwig der Deutsche hielt sich im Jahr 841 im Heilbronner Königshof auf und stellte dort Urkunden aus: *Heilicbrunno palatio regio* heißt es da.

Die Karlsbüste im Aachener Domschatz soll seine Schädeldecke enthalten.

1050

Der Nathanstein und die erste jüdische Gemeinde

Im Keller der Gastwirtschaft »Zur Fischerstube« war einst ein zirka 20 Zentimeter hoher und 50 Zentimeter breiter Stein mit einer hebräischen Inschrift vermauert. Nach dem verheerenden Bombenangriff vom 4. Dezember 1944 wurde er bei der Trümmerbeseitigung geborgen. Heute ist er in der Dauerausstellung des Hauses der Stadtgeschichte Heilbronn im Otto-Rettenmaier-Haus zu sehen.

Er verschloss einst eine Grabnische. Die Inschrift überliefert den Namen des Bestatteten: *Nathan ha Parnas*, übersetzt: Nathan, der Vorsänger beziehungsweise der Gemeindevorsteher. *Parnas* oder *Parnes* ist der offizielle Titel für den amtlich eingesetzten Vorsteher einer jüdischen Gemeinde. Der Stein ist also ein Indiz für eine sehr frühe jüdische Gemeinde in Heilbronn.

Die Beisetzung in unterirdischen Katakomben entspricht einem alten jüdischen Brauch, wie er in Unteritalien und Sizilien im 9. Jahrhundert nachgewiesen wurde. Auch in den ältesten deutschen Judengemeinden gibt es solche Bestattungsformen. Seit dem 11. Jahrhundert wurden Erdbestattungen in Friedhöfen mit Grabsteinen vorgenommen. Aufgrund der Form der Buchstaben, die den ältesten jüdischen Inschriften Deutschlands in Worms und Speyer ähneln, datierte das Leo-Baeck-Institut die Inschrift auf dem Nathanstein in die zweite Hälfte des 11. Jahrhunderts. Über dem Fundort stand im Mittelalter eine Synagoge. Ein unterirdischer Gang führte zum Keller des Hauses Kieselmarkt 1, wo sich ein rituelles Bad (*Mikwe*) befand.

Jüdische Gemeinden in deutschen Städten rechts des Rheins und nördlich der Donau sind vor dem 12. Jahrhundert noch recht selten. Wie Juden in die rechtsrheinischen Gebiete des Frankenreiches gekommen sind, beschreibt die *Germania Judaica:* zum überwiegenden Teil durch Einwanderung. Jüdische Kaufleute folgten den großen Verkehrsstraßen und ließen sich in den Städten nieder, wo sie bald den Fernhandel beherrschten. Eine frühe jüdische Quelle überliefert Namen der Heilbronner Juden des 13. Jahrhunderts wie *Benjamin der Franzose* und seine Frau *Benvenuda*, *Vives*, *Salveda* oder *Dolce*. Eine Analyse der Vornamen zeigte, dass die Juden, die im Hochmittelalter in Heilbronn lebten, Westjuden waren. Sie kamen einst von Frankreich, wo die Juden im 12. Jahrhundert vertrieben wurden, über den Rhein nach Süddeutschland. Die jüdische Gemeinde in Heilbronn zählte damals 150 bis 200 Menschen.

Der Heilbronner Nathanstein ist nicht nur einer der ersten Hinweise auf jüdische Gemeinden im Gebiet des heutigen Baden-Württemberg, sondern auch Indiz dafür, dass um 1050 in Heilbronn schon Fernhandel getrieben wurde.

▲ Vor Gericht mussten Juden oft in diskriminierender Form einen »Judeneid« schwören. In dieser Darstellung aus dem *Schwabenspiegel*, einem im 13. Jahrhundert entstandenen Rechtsbuch, steht der Jude auf dem Fell eines Schweines. ▼ Der Heilbronner Nathanstein.

CC lxix
204
Diß sait vns von dem Juden aijde wie sü sweren süllent

REGIUM VERBUM NON
DECERE IMMUTARE

1140

Staufer gegen Welfen – Die Schlacht bei Weinsberg und die Folgen für Heilbronn

Wer kennt sie nicht – die Geschichte von den Frauen, die ihre Männer einst in die Freiheit trugen? Die Sage von der Weinsberger Weibertreu ist unzählige Male literarisch bearbeitet worden, unter anderem von Adelbert von Chamisso, Gottfried August Bürger und sogar von Bertolt Brecht. Auch vielen Malern aus unterschiedlichen Epochen diente sie als Thema. Beispiele finden sich im Weinsberger Weibertreumuseum.

Was 1140 vor Weinsberg geschah, hatte auch weitreichende Folgen für die Heilbronner Stadtgeschichte. Konrad III. von Hohenstaufen war zwei Jahre zuvor zum König gewählt worden und forderte von den Welfen, die seine Wahl nicht anerkennen wollten, den von ihnen einbehaltenen Reichsbesitz zurück. Dazu gehörte auch die Weinsberger Burg, sechs Kilometer östlich von Heilbronn, die er wochenlang belagerte, nachdem er das welfische Heer im Tal der Sulm zwischen Schemelsberg und Kayberg besiegt hatte.

Auf die Burg hatten sich die Bewohner der umliegenden Gehöfte zurückgezogen, um dem Kriegsgeschehen zu entkommen. Schließlich musste die welfische Besatzung die Burg aufgeben. Doch nur den Frauen wollte König Konrad freien Abzug gestatten, verbunden mit der besonderen Gnade, was sie auf ihrem Rücken tragen konnten, mitzuschleppen. Er staunte nicht schlecht, als diese mit ihren Männern huckepack den Burgweg herunterkamen. Die Soldaten des Königs wollten das nicht zulassen, doch Konrad zeigte Humor, lachte sogar über den seltsamen Zug aus der Burg, wie schon die frühesten Quellen berichten, und verkündete, an einem königlichen Wort gäbe es nichts zu deuteln.

Nach seinem Sieg mussten die Welfen sein Königtum und seine Besitzansprüche anerkennen. Das betraf auch Heilbronn, denn Jahrzehnte zuvor hatte Uta von Calw dem Kloster Hirsau Rechte und Güter in Heilbronn vermacht, welche die Welfen ebenfalls zurückbehalten hatten. Diese wurden nun eingefordert. Sie sind im *Hirsauer Codex* für das Jahr 1146 belegt, einer der frühesten Quellen der Heilbronner Stadtgeschichte. Dazu gehörte ein Herrenhof mit 17 Bauernhöfen und 14 Weingütern sowie der Nordberg, wie damals der Wartberg genannt wurde. Im *Hirsauer Codex* wird Heilbronn mit *Heilprunnen* bezeichnet, was dem heutigen Namen schon recht nahekommt.

Die Urkunde nennt außerdem ein Marktrecht, ein Münzrecht und einen Hafen für Heilbronn. Das legt nahe, dass Heilbronn bereits zu dieser Zeit als Stadt betrachtet werden kann.

Zurück zum Jahr 1140: Was sich damals im unteren Sulmtal in der Nähe des heutigen Autobahnkreuzes ereignete, hat die mittelalterliche Geschichte Deutschlands und Europas entscheidend beeinflusst. Was wäre geschehen, wenn Welf VI. über seinen staufischen Widersacher gesiegt und die Welfen das Königtum für sich gewonnen hätten? Dann hätte es die Stauferzeit womöglich nie gegeben – keinen Kaiser Barbarossa, keinen Kaiser Friedrich II., König von Jerusalem und Sizilien, keine Stauferpfalz Wimpfen und keine staufischen Reichsstädte.

Weibertreubrunnen auf dem Weinsberger Markplatz.

1281

König Rudolf von Habsburg gewährt Heilbronn eine Verfassung

Eine Stadt mit verbrieften Rechten wie eigenem Münzrecht, Marktrecht und Hafen war Heilbronn schon im 12. Jahrhundert. In die Hände der Staufer kam sie 1225, als der Bischof von Würzburg König Heinrich VII. die Stadt als Lehen abtreten musste. In diesen Jahren wird Heilbronn als *oppidum heilecbrunnen* bezeichnet und begann, sein Stadtgebiet durch eine Mauer mit Türmen zu schützen.

Aber erst König Rudolf von Habsburg gewährte Heilbronn eine Verfassung, nach dem Vorbild derjenigen für die Stadt Speyer. Darin heißt es: *Es sollen gegenwärtig wie zukünftig Lebende wissen, dass wir unsere Stadt Heilbronn (civitas nostra Heilprunnen) und die dortigen Bürger schützen.* Heilbronn erscheint somit als Stadt des Königs und dieser damit als oberster Stadtherr.

1273 wird Graf Rudolf von Habsburg nach dem fast 20-jährigen Interregnum des Reiches mit nur schwacher königlicher Zentralgewalt zum König gewählt. Über ein Jahr haben die Kurfürsten untereinander und mit dem Papst zäh verhandelt, wer König werden soll.

Schließlich setzt der Papst den Kurfürsten ein Ultimatum. Der Habsburger Graf, auf den die Wahl endlich fiel, ist ein Kompromisskandidat. Er ist bereits 55 Jahre alt und stammt aus dem Grenzgebiet zwischen dem Herzogtum Schwaben und Burgund. Die Stammburg liegt im heutigen Kanton Aargau, etwa 25 Kilometer südlich von Waldshut. Er gehört nicht dem Reichsfürstenstand an, was womöglich ein Vorteil für ihn war.

Dem neuen König geht es nach seiner Wahl zunächst darum, den nach dem Niedergang der Staufer verlorengegangenen Reichsbesitz wiederzugewinnen und die habsburgische Hausmacht in Südwestdeutschland zu stärken. So erwirbt er 1281 vom Würzburger Bischof die Grafschaft Löwenstein, wandelt sie in ein Reichslehen um und gibt sie seinem erstgeborenen, aber unehelichen Sohn Albrecht von Schenkenberg. Der Siedlung um die Burg Löwenstein verleiht er nach dem Vorbild Weinsbergs Stadtrecht. Graf Albrecht erhält 1283 zur Stärkung seines Einflusses zudem den königlichen Frucht- und Weinzehnt aus der gesamten Heilbronner Markung.

In Schwäbisch Gmünd gibt der König seiner Stadt Heilbronn eine neue Verfassung. Ein städtisches Gemeinwesen ist sie längst. Ein eigenes Wappen besaß sie schon seit den Zeiten von Kaiser Friedrich II.: ein schwarzer Adler mit roter Zunge auf goldenem Grund mit den Farben rot, weiß und blau. Heilbronn führt es bis heute. Die Verfassung, welche die Stadt von König Rudolf empfing, ist aber die erste, die sich in schriftlicher Form erhalten hat.

In Heilbronn setzt Rudolf von Habsburg einen Vogt ein, der als oberster Beamter die hohe Gerichtsbarkeit ausübt Die Verwaltung liegt in den Händen von zwölf Ratsherren aus der Bürgerschaft und einem vom Stadtherrn eingesetzten Schultheißen. Die Ratsherren kamen aus dem Kreis der »besseren und nützlicheren Bürger«, dem städtischen Patriziat. Das Heilbronner Stadtrecht wurde Vorbild für andere Städte wie Eppingen, die »Heilbronner Recht« erhielten. Fast modern muten die ersten Sätze der Verfassung von 1281 an: »Es gehört sich, dass Städte oder ganze Reiche nicht so sehr durch Mauern und Wälle geschützt werden, als vielmehr durch die Beachtung der Gesetze und Rechte friedlich und ruhig in der Lieblichkeit des Friedens ruhen.«

▲ Denkmal für Rudolf von Habsburg in der Westhalle des Speyrer Doms. ◀ Das Stadtwappen wurde Heilbronn in staufischer Zeit verliehen. ▶ Siegel König Rudolfs an der Verfassungsurkunde von 1281.

1297

In einem Ablassbrief wird erstmals die Kilianskirche erwähnt

Am 21. März 1297 gewähren Bischof Basilius, Erzbischof der Armenier zu Jerusalem, und weitere neun Bischöfe jedem, der an einem Festtag in der Kilianskirche in Heilbronn reumütig beichtet – und darüber hinaus einen beachtlichen Geldbetrag spendet –, einen Ablass der Sündenstrafen von vierzig Tagen.

Der Bischof von Würzburg hat dies beim Papst in Rom durchgesetzt. Die Einnahmen sollen dem Kirchenbau in Heilbronn dienen. In diesem Ablassbrief wird die Kilianskirche erstmals mit ihrem heutigen Namen erwähnt. Der Heilige Kilian ist der Schutzpatron der Diözese Würzburg und der Bischof will mit einem Namenswechsel seinen Einfluss in der Neckarstadt unterstreichen.

Die Vorläufer der Kilianskirche reichen jedoch über 500 Jahre weiter zurück. Erstmals wird für das Jahr 741 eine »basilica« in »villa Helibrunna« erwähnt, die dem Erzengel Michael geweiht war. Sie lag, wie die heutige Kilianskirche, bei dem Brunnen, welcher der Stadt den Namen gab. Bei Ausgrabungen im Innern der Kilianskirche stieß man in den Jahren 1880, 1949 und 1965 auf Fundamentreste eines romanischen Kirchleins, dessen Entstehung vor dem Jahr 1100 liegt.

Im 12. und 13. Jahrhundert entwickelt sich Heilbronn weiter zur Stadt. 1225 entsteht eine Stadtmauer mit Türmen und Toren. Zwischen 1250 und 1280 wird über der wohl zu klein gewordenen Vorgängerkirche eine gotische Basilika mit einem Mittelschiff und drei niedrigeren Seitenschiffen errichtet. Das Mittelschiff der nach St. Kilian benannten Stadtkirche schließt eine Chorapsis ab, die Seitenschiffe jeweils ein Turm, die heutigen östlichen Chortürme. Bauherr ist die Stadt Heilbronn, doch wie damals üblich beteiligt sich die Kirche durch weitere Ablassbriefe an den Kosten. So gewähren 1330 Erzbischof Petrus von Nazareth und acht weitere Bischöfe allen einen Sündenablass von 40 Tagen, die an einem der 20 Altäre beten oder beim Abendläuten drei Ave Maria sprechen oder der Kirche Stiftungen machen und gleichzeitig einen Ablassbrief kaufen.

Die erste Nachricht von dem neuen Kirchenbau zu Heilbronn stammt aus dem Jahr 1278. Richard von Deidesheim, Dekan des Stifts in Wimpfen, wo zur selben Zeit mit dem Neubau der Stiftskirche St. Peter in Wimpfen im Tal begonnen wurde, gibt in diesem Jahr einen Bauzuschuss, vermutlich zu einem der Chortürme. Erst um 1400 lässt die Stadt im Westen eine Turmvorhalle erbauen, die für zwei weitere, höhere und repräsentativere Türme gedacht war. Doch als der Bau zur Ausführung kommen soll, sind die Zweiturm-Kirchen unmodern geworden. Die Kirchenarchitektur bevorzugt nun einen Hauptturm. Der soll dafür höher und prächtiger ausgeschmückt sein.

▲ Kilianskirche vom Hafenmarktturm aus gesehen. ▼ St. Kilian am Südportal der Kilianskirche.

1333

Kaiser Ludwig der Bayer fällt ein Urteil mit ungeahnten Folgen

Ein schreckliches Hochwasser löst 1333 eine kaum voraussehbare Entwicklung aus. Bis dato lag die Stadt an einem Nebenarm des Neckars, hatte aber zum Betrieb von Mühlen ein Wehr errichtet. Nun ist der Fluss durchgebrochen und hat Wiesen des Deutschen Ordens vor der Stadt überflutet oder sogar weggerissen. Wie soll der Schaden geregelt werden?

Schließlich schlichtet der Kaiser als oberster Stadtherr die Angelegenheit und fällt ein salomonisches Urteil: Dem Deutschen Orden wird als Ersatz für die verlorenen Wiesen das alte, verlandende Neckarbett zugesprochen. Der Stadt aber gewährt Ludwig IV. das Recht, den Neckar nach ihren Wünschen zu »wenden und kehren, wohin sie dünkt, dass es der Stadt nützlich sei«. Beide Seiten gaben sich zufrieden. Aus heutiger Sicht steht fest, dass das kaiserliche Privileg von 1333 ein entscheidender Faktor für den wirtschaftlichen Aufstieg der Stadt in den folgenden Jahrhunderten war.

Im Bereich der nordwestlichen Stadtmauer lässt Heilbronn Stauwehre bauen. Dadurch wird der Lauf des Neckars unterbrochen. Für Schiffe, die von Süden, also aus Württemberg, kommen, ist hier die Fahrt zu Ende. Die Waren müssen ausgeladen werden. Ebenso geht es den Schiffen, die von Norden aus der Kurpfalz neckaraufwärts wollen. Heilbronn entwickelt sich so zu einem regen Warenumschlagplatz. Heilbronner Kaufleute haben das Stapelrecht und können verlangen, dass alle ankommenden Waren in der Stadt zum Kauf angeboten werden. Außerdem profitierte die Stadt durch Zölle und Gebühren.

Das abfließende Wasser aus den Stauwehren treibt künftig Mühlen an, neben Getreidemühlen Pulvermühlen, Hammermühlen, Schleifmühlen oder Lohmühlen, wo aus gemahlenen Baumrinden ein Grundstoff für die Lohe der Gerber bereitet wird, später auch Papiermühlen. Das fördert Jahrhunderte später die frühe Industrialisierung Heilbronns.

Als Inhaberin des »Mühlenregals« belehnt die Stadt Handwerker mit einzelnen Mühlen. Teilweise ließ sie diese auch durch Mühlenknechte betreiben. Die Untertanen der Stadt, einschließlich der reichsstädtischen Dörfer Böckingen, Flein, Neckargartach und Frankenbach, waren an den »Mühlenbann« gebunden und verpflichtet, die städtischen Mühlen zu nutzen. Durch die Veränderung des Neckarlaufs erhält Heilbronn als Zugang von Westen eine neue Brücke, anfangs aus Holz, dann in Steinbauweise errichtet, denn der Neckar fließt nun direkt an der westlichen Stadtmauer entlang.

Das Wasser des aufgestauten Flusses wird in der Folge auch in die Gräben vor der Stadtmauer geleitet und dient damit der Verteidigung. Besonders dem aufstrebenden Territorialstaat Württemberg ist Heilbronn ein Dorn im Auge. Es fordert bis zum Ende der reichsstädtischen Selbständigkeit 1802 vergeblich die freie Schifffahrt auf dem Neckar. Lediglich der für Württemberg besonders wichtige zollfreie Verkehr der Flöße Richtung Rhein kann 1342 vertraglich geregelt werden.

Die Ansicht um 1557 zeigt die Wehre (links), den Verladekran (linker Bildrand) und im Vordergrund den früheren Hauptarm des Neckars, über den eine hölzerne Brücke führte. Er verlandete zunehmend. Ein letzter Rest bildete den Böckinger See, der 1948 zugeschüttet wurde.

▲ Siegel mit dem Bildnis Kaiser Ludwigs IV. (1281–1347) aus dem Hause Wittelsbach. ▼ Die älteste Ansicht Heilbronns um 1554, mit dem an die Stadt herangeführten Fluss.

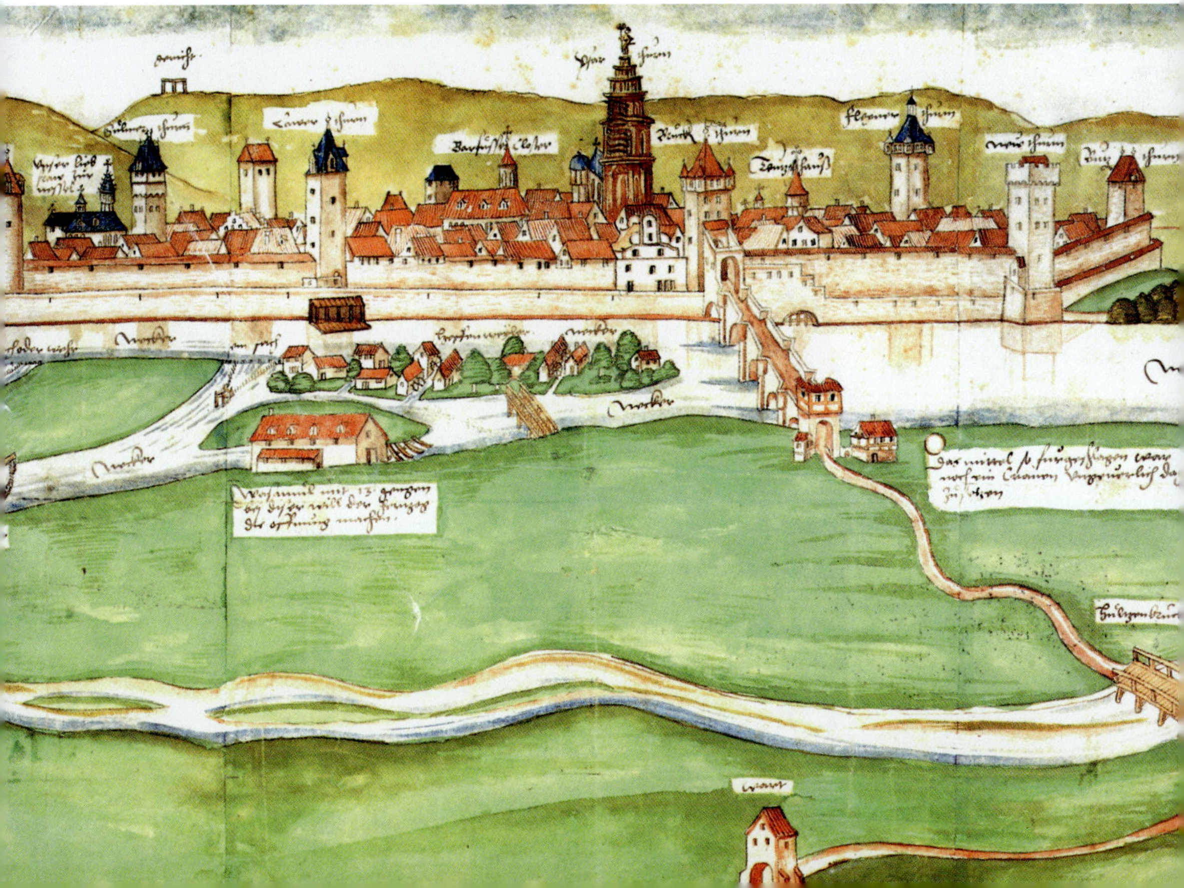

1340

Ein ganzes Dorf zieht nach Heilbronn

Die gotische Nikolaikirche am Rande der Innenstadt, gleich beim Sülmertor gelegen, hat in ihrer fast 700-jährigen Geschichte schon manches erlebt. Noch vor Einführung der Reformation in der Stadt wurde hier bereits lutherisch gepredigt. Danach diente sie fast ein Jahrhundert lang als Kinderkirche. Sie wurde aber auch für ganz profane Zwecke genutzt und der Hof hinter dem Chor war im Laufe der Jahrhunderte Friedhof, Exerzierplatz oder Schulhof. Die Randlage an der nördlichen Stadtmauer wirft Fragen auf, ebenso ihre Entstehungsgeschichte.

Während des Dreißigjährigen Krieges diente sie als Waffenmagazin und sogar als Fabrik für Kanonenkugeln. 1635 sollen hier täglich 1000 Stück gegossen worden sein. Im 18. Jahrhundert wurde sie wieder geweiht und als Kirche genutzt. Zu Beginn des 19. Jahrhunderts diente sie zunächst als Schule, dann als Lazarett für Truppen Napoleons, als diese wieder abzogen, abermals als Waffenlager und wenige Jahre später wieder als Lazarett. Anschließend war sie städtisches Holzlager, dann nutzten sie ein Seiler, ein Kaufmann und ein Instrumentenbauer. Als Mitte des 19. Jahrhunderts das Turnen in Mode kam, machte man sie zur Turnhalle. 1851 renoviert, wurde sie erneut geweiht und ist bis heute Gemeindekirche geblieben.

Ihre Anfänge liegen im Dunkeln. Erstmals erwähnt wird sie in einem Ablassbrief aus dem Jahr 1351 als Kapelle St. Nikolaus. Ihre Erbauung wird auf die Jahre 1340 bis 1350 geschätzt. In diese Zeit fällt auch die Anlegung eines Friedhofs bei der Kirche. Daran erinnert die Bezeichnung *Kirchhöfle* für den Platz hinter der Kirche, der heute noch gebräuchlich ist. Weshalb aber baut die Stadt im 14. Jahrhundert am nördlichen Ende der Stadt eine Kirche mit einem Friedhof? Eine Erklärung dafür ist, dass in eben diesen Jahren ein ganzes Dorf in der Nähe des heutigen Trappensees aufgelassen wird und seine Bewohner hinter die Mauern der Reichsstadt ziehen. Bei diesem Dorf handelt es sich um den Ort Altböckingen. So wird er noch in einer Karte von 1734 bezeichnet. Ursprünglich hieß er wohl Bockingen, nicht zu verwechseln mit dem Heilbronner Ortsteil Böckingen, westlich des Neckars. Der hieß früher Beckingen. In alten Flurnamen in der Umgebung taucht der Name des verlassenen Dorfes noch auf: Böckinger Ried, Böckinger Backen oder Böckinger Kopf.

1333 verkauft der Graf von Löwenstein – mit Zustimmung Kaiser Ludwigs des Bayern – das Dorf an die Stadt Heilbronn, einschließlich seiner gesamten Gemarkung: 426 Morgen Weingärten und der südliche Teil des Galgenbergs. Für die baldige Reichsstadt bedeutet der Kauf eine Arrondierung ihres Territoriums, das nun die gesamten umgebenden Berghänge des Talkessels umfasst. Bereits 1338 ist der Ort verlassen. Die Nikolaikirche könnte so als Gemeindekirche dieses neuen Stadtteils und das *Kirchhöfle* als dazugehöriger Friedhof entstanden sein.

▲ Skulpturen am Hauptportal der Nikolaikirche: links ein Bischof, rechts Maria mit dem Jesuskind.
▼ Die Nikolaikirche war in ihrer langen Geschichte auch Waffenarsenal, Lazarett, Schule und Turnhalle.

1371

Kaiser Karl IV. und Heilbronns langer Weg zur Reichsstadt

Wann wurde Heilbronn zur Reichsstadt? Ein langer Weg führte dorthin, sodass die Antwort nicht einfach ist. Bereits 1367 wird Heilbronn in einer kaiserlichen Urkunde als Reichsstadt bezeichnet. In letzter Konsequenz ist sie das aber erst hundert Jahre später, als sie das inzwischen bedeutungslos gewordene Amt des königlichen Vogtes erwirbt.

Doch hat sie seit der Stauferzeit immer mehr Rechte zu ihrer Selbständigkeit erringen können. Könige beziehungsweise Kaiser des Heiligen Römischen Reiches haben sie gewährt, nach den Staufern der Habsburger Rudolf, der ihr 1281 eine Verfassung gibt und die bürgerliche Oberschicht an der Verwaltung beteiligt. Unter dem Wittelsbacher Ludwig dem Bayer erhält die Stadt weitere wichtige Rechte zugesprochen und dehnt ihren territorialen Besitz aus. Neben dem Dorf Altböckingen beim heutigen Trappensee, das sie von den Löwensteiner Grafen kauft, erwirbt sie von Engelhard von Weinsberg das Dorf Neckargartach und drei Viertel der Vogtei von Böckingen. Seit 1361 stellt sie selbst den Schultheißen.

Doch innerhalb der Stadt gärt es. Kaufleute und Handwerker sehen nicht mehr ein, dass sie Steuern zahlen müssen, aber keinen Anteil an den politischen Entscheidungen haben. So verlangen sie von den alteingesessenen Patrizierfamilien ein Mitspracherecht. Kaiser Karl IV. aus dem Hause Luxemburg sieht sich veranlasst, der Stadt eine neue Verfassung zu geben.

Bis in die Einzelheiten wird die neue Verfassung bestimmt. Sie ist nun reichsstädtisch geprägt. Der Rat der Stadt wird gleichermaßen aus Vertretern der Patrizier und Vertretern der Kaufleute und Handwerker zusammengesetzt. Er wählt fortan aus den eigenen Reihen zwölf Richter und zwei Bürgermeister. Die Stadt ist nur dem Kaiser verpflichtet und damit reichsunmittelbar.

Bürgermeister, Rat und Richter legen nach der Wahl einen feierlichen Eid ab, »mit erhobenen Fingern auf die Heiligen, aufrichtig sowohl über die Armen als auch die Reichen zu richten und zu beraten. Die zwölf Richter sollen über Arme und Reiche Recht sprechen auf ihren Eid, den sie abgelegt haben, und dafür weder Gold noch Silber oder Gebühr verlangen.«

Der Kaiser fordert von der Stadt, weitere Juden aufzunehmen. Die Judensteuer fällt ihm zu, weshalb er ein finanzielles Interesse an ihrer Ansiedlung hat. Bald ziehen nach den Verfolgungen um die Mitte des 14. Jahrhunderts wieder jüdische Kaufleute mit ihren Familien in die Stadt und bauen eine neue Synagoge.

In den folgenden Jahrzehnten betreibt die Reichsstadt eine eigene Außenpolitik. Sie wird Mitglied des Schwäbischen Städtebunds, geht ein gegenseitiges Bündnis mit der benachbarten Reichsstadt Wimpfen ein und schließt gegen das mächtige Württemberg im Süden ihres Territoriums mit der Kurpfalz, die im Nordwesten fast an ihre Grenzen heranreicht, einen Schutzvertrag.

Kaiser Karl IV. (1316–1378) auf einem Votivbild um 1370.

HAILPRONNISCH·MESSRVT
SCHV·VND·ZOLL
HIE·AVCH·DER·WIL·DIE·ELEN

1420

König Sigismund lässt den Heilbronner Pfennig prägen

König Sigismund (seit 1433 Kaiser) aus dem Hause Luxemburg hält im Oktober 1414 in Heilbronn einen Landtag ab, der auch Heilbronner Tag genannt wird. Er trifft sich mit deutschen Fürsten zu Verhandlungen über einen Landfrieden und empfängt Vertreter rheinischer, elsässischer und schwäbischer Städte. Für die Juden stellt er einen Schutzbrief aus.

König Sigismund ist auf dem Weg zur Königskrönung in Aachen. Danach reist er zum Konstanzer Konzil. In Konstanz soll die Einheit der Kirche wiederhergestellt und das Schisma beendet werden. Insgesamt drei Päpste streiten sich darüber, wer der rechte sei. Eine Kirchenreform ist angedacht und die Ketzerei soll wirksam bekämpft werden. Auch die Reichsstadt Heilbronn schickt Vertreter zum Konzil nach Konstanz. Heilbronn ist im 15. Jahrhundert dabei, seine Macht als Stadtrepublik auszubauen. Der Kaiser fördert solche Bemühungen der Reichsstädte in ihrem Kampf gegen die Landesfürsten und kräftigt ihre Stellung, indem er ihnen besondere Rechte gewährt. Gilt es doch, die Reichsgewalt gegenüber den immer stärker werdenden Territorialherren zu stärken. Außerdem lässt er sich das von den Reichsstädten gut bezahlen. 1420 lässt Sigismund seinen Reichserbkämmerer, Konrad IX. von Weinsberg, der für die Organisation der Reichsfinanzen zuständig ist, erstmals den *Heilbronner Pfennig*, eine Silbermünze mit zirka 15 Millimeter Durchmesser, mit dem Adler als Wappen und den flankierenden Buchstaben HN, prägen. 1464 übernimmt die Reichsstadt selbst die Heilbronner Münze. *Der Heilbronner Pfennig* kann allerdings nie die Bedeutung des Hellers erreichen, der in der Stadt Schwäbisch Hall geprägt und nach ihr benannt wurde.

Heilbronn bemüht sich im 15. Jahrhundert um Neutralität, was der Stadt nicht immer gelingt. In den Auseinandersetzungen zwischen dem Schwäbischen Städtebund und den Fürsten wird sie mehrfach in kriegerische Handlungen hineingezogen. Doch durch ihre umsichtige Politik erlebt sie in dieser Zeit eine wirtschaftliche Blüte. Etwa 5000 Menschen leben damals in Heilbronn: Kaufleute, Handwerker, Bauern und Weingärtner. Zum weiteren Ausbau der städtischen Bauwerke wird der Steinbruch beim Jägerhaus genutzt. Rathaus, Neckarbrücke und Kilianskirche werden aus Heilbronner Sandstein errichtet. Dieser findet sogar seinen Weg bis zum Heidelberger Schloss und zum Kölner Dom. Heilbronn hat auch ein eigenes Maß. Noch heute kann man an der Kilianskirche die Heilbronner *Messrute* sehen, an der sich die städtischen Handwerker zu orientieren hatten. Die Inschrift über den Metallbändern zählt die Heilbronner Längenmaße auf: *HAILPRONNISCH MESSRUT SCHU UND ZOLL HIE AUCH DER WIL DIE ELEN HOLL.*

▲ Heilbronn hatte auch ein eigenes Maß, wie heute noch an der Kilianskirche zu sehen ist.

◀ Kaiser Sigismund hielt in Heilbronn einen Landtag ab. ▶ Der Heilbronner Pfennig.

1437

Der Reichserbkämmerer verklagt die Stadt wegen der Ausweisung der Juden

Juden einer Reichsstadt wie Heilbronn standen unter dem Schutz des Kaisers. Dafür bezahlten sie ihm die Judensteuer. Doch das konnte nicht verhindern, dass mehrfach Pogrome gegen sie stattfanden.

Im Jahr 1298 zog ein selbsternannter »König Rintfleisch« durch Franken, hetzte die Bevölkerung gegen die Juden auf und behauptete, er sei vom Himmel dazu bestimmt worden, alle Juden zu vernichten. Er beschuldigte sie der Hostienschändung und verkündete, jedem, der einen Juden ermordete, seien die Sündenstrafen erlassen. Am 19. Oktober 1298 traf es die Reichsstadt Heilbronn, wo die gesamte Gemeinde von 150 bis 200 Juden vernichtet wurde. Im *Nürnberger Memorbuch* sind die Namen von 3441 ermordeten Juden aus 44 »Blutstädten« verzeichnet, darunter auch die von Heilbronn. König Albrecht II. ließ schließlich Rintfleisch und seine Genossen verbannen. Nach anderen Quellen ließ er sie aufknüpfen. Die Städte, in denen Juden getötet wurden, mussten ihm den entstandenen Schaden – die entgangene Judensteuer – ersetzen. Fünfzig Jahre später fand im Zusammenhang mit der Pest 1349 in Heilbronn ein weiteres Pogrom statt, denn man schob ihnen – wie in vielen anderen Städten des Reiches – die Schuld an der Seuche zu. Juden wurden erschlagen und das Judenviertel sowie die Synagoge beim Kieselmarkt zerstört.

Im 15. Jahrhundert ging die Stadt Heilbronn daran, die Juden auszuweisen – gegen den erklärten Willen des Kaisers. Sie waren der Heilbronner Kaufmannschaft eine unliebsame Konkurrenz. Überdies hatten viele einflussreiche Bürger hohe Schulden bei jüdischen Kreditgebern. Die fielen bei einer Vertreibung mit einem Schlag weg. So erhielten die Heilbronner Juden 1437 Stadtverbot. Dagegen klagte Konrad IX. von Weinsberg. Als Reichserbkämmerer war er für die Reichsfinanzen zuständig. Seit dem Konstanzer Konzil von 1414 bis 1418 organisierte er für den Kaiser die Judensteuer. Konrad IX. lud Vertreter des Rats der Stadt und der Heilbronner Juden 1438 zum Reichstag nach Nürnberg. König Albrecht II. verurteilte dort die Stadt »wegen Verwüstung der königlichen Kammer«, die Juden in der Stadt zu lassen, und drohte ihr eine Schadenersatzklage an. Ein Jahr später durften die Juden wieder nach Heilbronn zurück und zahlten dem Erbkämmerer 200 Gulden.

1469 vertrieb Kurfürst Friedrich von der Pfalz die Juden aus seinem Land, worauf Heilbronn einen neuen Anlauf unternahm. Konrad von Weinsberg, der auch persönlich von der Judensteuer profitierte, klagte erneut erfolgreich gegen ein Stadtverbot. Kaiser Friedrich III. forderte ihre Wiederaufnahme. Doch Heilbronn kümmerte sich diesmal nicht um den kaiserlichen Befehl. Auch Kaiser Maximilians Anordnung 1495, Juden wieder aufzunehmen, kam die Stadt nicht nach. So gab es in Heilbronn bis ins 19. Jahrhundert keine jüdische Gemeinde mehr.

Die Statue des Reichserbkämmerers Konrad IX. von Weinsberg beim Grab im Kloster Schöntal.

15: GÖTZ BERLINGEN·47
IAXTHOUSEN.

1519

Götz von Berlichingen in Heilbronn gefangen gesetzt

Wem ist er nicht während der Schulzeit begegnet? Wer hat ihn noch nie zitiert? Jeden Sommer wird Goethes Ritterschauspiel im Burghof von Jagsthausen, dem Sitz der Nachfahren des legendären Reichsritters, aufgeführt. Alle warten gespannt darauf, dass das legendäre – von Götz von Berlichingen höchstpersönlich belegte – Zitat endlich fällt.

Mit dem Ruf »Freiheit« lässt Goethe seinen Götz vor dem Turm in Heilbronn sein Leben aushauchen. Historisch ist das nicht. Götz starb im hohen Alter von 82 Jahren auf seiner Burg Hornberg eines friedlichen Todes. Doch in Heilbronn saß er tatsächlich in Haft, als Gefangener des Schwäbischen Bundes, mit dem Götz in Fehde lag. Im Bollwerksturm zu Heilbronn brachte man ihn zunächst unter. Als seine Freunde Franz von Sickingen und Georg von Frundsberg heftig protestierten, quartierte man ihn standesgemäß im Gasthaus zur Krone in der Kramstraße (heute Kaiserstraße) ein.

Goethe hat in seinem Sturm-und-Drang-Drama einen Freiheitskämpfer gegen Fürstenwillkür aus ihm gemacht. »Ich dramatisiere die Geschichte eines der edelsten Deutschen«, schrieb er 1771 an einen Freund. Als Quelle diente ihm die Lebensbeschreibung *Mein Gottfriden von Berlichingen zw Hornberg Fehd und Handlungen,* die Götz halb erblindet am Ende seines Lebens dem Pfarrer Georg Gottfried aus Neckarzimmern diktierte, der ihm seit 1559 bei seinen Geschäften zur Hand ging. Die Lebenserinnerungen sind dem Heilbronner Bürgermeister Hans Hoffmann und dem Syndicus der Stadt Stefan Feyerabend gewidmet, der auch die Kraichgauer Ritterschaft juristisch vertrat. In dieser Rechtfertigungsschrift hat der alte Haudegen seine vielen Fehden und Raufhändel zum Kampf für die Entrechteten verklärt, was sicher nicht ganz den Tatsachen entspricht. Biografen haben ihn als regelrechten Fehdeunternehmer bezeichnet, der Privatkriege vom Zaun brach, um sich durch Überfälle und Lösegelderpressung zu bereichern.

Während des bayerisch-pfälzischen Erbfolgekriegs verliert der damals 24-Jährige durch einen Kanonenschuss seine rechte Hand. Über ein halbes Jahr liegt er auf dem Krankenlager. Er gibt nicht auf und lässt sich eine bewegliche Armprothese anfertigen, die ihn fortan berühmt und berüchtigt macht. Umstritten ist seine Rolle im Bauernkrieg. Nach eigener Darstellung wurde er von den Bauern gezwungen, das Oberkommando ihres Heeres zu übernehmen, nach Würzburg zu ziehen und die Festung des Bischofs auf dem Marienberg zu belagern. Auf dem Weg dorthin plündert das Bauernheer die Benediktinerabtei Amorbach und zerstört Burg Wildenberg. An der Erklärung der fränkischen zwölf Artikel der Bauern in Amorbach ist er maßgeblich beteiligt – zusammen mit dem Heilbronner Notar Hans Berlin. Tatsächlich aber machte er sich nach der mit den Bauern ausbedungenen vierwöchigen Frist aus dem Staub und zog in die Heimat zurück, wohl auch, weil er die fürchterliche Niederlage des Bauernheeres voraussah.

▲ Götz von Berlichingen als Gefangener vor dem Heilbronner Rat.

▼ Götz von Berlichingen auf einem Glasbild im Museum Jagsthausen.

1525

Heilbronn im Bauernkrieg

Einer der radikalsten Führer des Bauernkriegs stammt aus Heilbronn-Böckingen, Jakob Rohrbach, genannt Jäklein, Hauptmann der rebellischen Bauern aus den reichsstädtischen und benachbarten Dörfern. Am Ostersonntag des Jahres 1525 hält er nach Stürmung der Weinsberger Burg Gericht über den Obervogt, Graf Helfenstein, und dessen Burgbesatzung und lässt an ihnen eine tödliche Landsknechtsstrafe vollziehen.

Er schickt sie durch die Spieße. Viele Bauern jubeln ihm zu, andere aber beginnen das Vertrauen in den Hauptmann zu verlieren. Sie ahnen, was gerade in Weinsberg geschieht, wird die Bauern Sympathien kosten, die zunächst auch Bürger der Städte und niederer Adel gezeigt hatten. Sogar Martin Luther hat anfangs für die Bauern Verständnis gezeigt. Doch nach den Vorgängen von Weinsberg spricht er verächtlich von räubernden und mordenden Rotten.

Nach der Weinsberger Bluttat ziehen die Bauern nach Heilbronn, plündern das Karmeliterkloster vor der Stadt und den Hof des Deutschen Ordens. Die übrige Stadt verschonen sie. Ihre Anführer verhandeln mit dem Rat und bringen die Reichsstadt dazu, sich ihrem Bund anzuschließen. Heilbronn verpflichtet sich sogar, dem Bauernheer ein Truppenkontingent zu stellen. Jäklein Rohrbach aber verliert weiter an Einfluss, zieht mit 200 Getreuen aus Heilbronn ab und schließt sich dem württembergischen Bauernheer an. Heilbronn bleibt von einer Abteilung der Bauern besetzt. Der Großteil des Bauernheeres aber zieht das Neckartal hinauf nach Gundelsheim, um Götz von Berlichingen zu gewinnen, das militärische Oberkommando zu übernehmen. Als politische Führer der Bauern haben sich der Heilbronner Notar Hans Berlin, der kurmainzische Beamte Friedrich Weigand und der frühere Kanzler der Grafen von Hohenlohe Wendel Hipler durchgesetzt. Gemeinsam mit Götz von Berlichingen verfassen sie die Amorbacher Erklärung und laden Vertreter der fränkischen und schwäbischen Bauernheere zu einem Bauernparlament in Heilbronn ein. Das tritt tatsächlich am 12. Mai 1525 im Schöntaler Hof unter der Leitung Wendel Hiplers zusammen. Man will dort über die Einrichtung einer Volksvertretung beraten, über eine Vereinheitlichung von Währung, Maßen und Gewichten, über die Abschaffung der Binnenzölle und über die Stärkung des bäuerlichen Privatbesitzes gegenüber der feudalen Grundherrschaft. Doch bevor Beschlüsse gefasst werden können, rückt das Heer des Schwäbischen Bundes heran. Das Bauernparlament zu Heilbronn löst sich auf, die Bauernheere werden geschlagen und Jäklein Rohrbach wird nach der Schlacht bei Böblingen aufgegriffen und vor den Toren Heilbronns als abschreckendes Fanal grausam hingerichtet.

Zeichnung von Peter Harrer aus einer Beschreibung des Bauernkriegs von 1551. Der Text links oben lautet: »Jacob Rohrbach hatt Auffruhr gerathen,/ des muß er werden gebraten,/ bey Neckergartach an einr Weyden,/ must er des feurs Flam leyden, /Bis er sein leben Endt,/ Sein leib zu Pulver ward verbrendt,/ Jacob Rohrbachs von Böckingen, des Auffrührers todt.«

29
fol 23
Bey Neckergartach an einer weyden,
müst er des feuers flam leyden
Biss er sein leben Ende,
Sein leib zu pulver ward verbrendt,
Jacob Rohrbach von Böckingen, der

1529

Hans Schweiner vollendet den Kiliansturm

1528 beklagte sich der Heilbronner Bürger Ulrich Zehe, der Baumeister des Kiliansturms habe einen Turm gebaut, »bis an den Himmel als ein Bösewicht«. Theodor Heuss nannte den Turm, das Wahrzeichen seiner Heimatstadt, dagegen einen »Novellenkranz aus Stein, kühn, stolz, lustig«.

In Heilbronn, wo 1529 die Auseinandersetzung zwischen Papsttreuen und Lutheranhängern gerade heftig geführt werden, prallen die Meinungen aufeinander über das, was der Baumeister da oben treibt. Unter dem reichhaltigen Bauschmuck sieht man böse Karikaturen: einen Mönch mit gespaltener Zunge, einen Kleriker mit Narrenkappe, einen Bischof mit Vogelschnabel oder gar einen Affen im Nonnengewand. Entstanden sind diese in Stein gehauenen Provokationen zwischen 1524 und 1529.

1507 hatte die Stadtherrschaft einen neuen Turm für ihre Hauptkirche in Auftrag gegeben. Sein Baumeister, der aus Weinsberg stammende Hans Schweiner, greift die Themen der Zeit auf und setzt auf das von romanischen und gotischen Elementen geprägte Turmviereck zwischen 1520 und 1529 einen eigenwilligen achteckigen Turmaufbau im neuen Stil der Renaissance, mit reichhaltiger figürlicher Bauplastik – ein einzigartiger Spiegel einer Zeit, in der die Kritik an der Amtskirche zunahm und die reformatorischen Gedanken Luthers auch in Heilbronn lebhaft diskutiert wurden. So kann man deutliche Hinweise auf die neue evangelische Lehre erkennen: Am gesamten Turmaufsatz ist keine einzige Heiligenfigur zu finden, dafür die vier Evangelisten, die das reine Wort Gottes in alle vier Himmelsrichtungen verkünden. Auf den Seiten des Buches, das der Markus-Löwe in den Pranken hält, findet sich ein aufschlussreicher Hinweis, denn das darin eingemeißelte Bibelzitat »VERBUM DOM(INI) MAN(ET) IN ET(ERNUM)« (Das Wort des Herrn bleibt in Ewigkeit bestehen, 1. Petrus 1,25) verwendeten die Anhänger der lutherischen Lehre nachweislich seit 1522 als Leitspruch.

Bezüge zur aktuellen politischen Lage finden sich ebenfalls an prominenter Stelle des Turms: Zwei große kreisrunde Medaillons sind aus Richtung des Deutschhofes – dem Sitz der Herren des Deutschen Ordens in der Stadt – deutlich mit bloßem Auge zu erkennen. Das eine Medaillon zeigt einen Kopf mit Turban. Der steht für Sultan Süleyman, der bis zum Jahr der Beendigung des Turmes mit seiner Armee Wien belagert hat. Er betrachtet sein Gegenüber im zweiten Medaillon, den Kopf eines geistlichen Würdenträgers im Messgewand mit Bischofsmütze, verächtlich gemacht durch einen überdimensionalen Vogelschnabel – beide wohl gleichermaßen als Bedrohung des Abendlandes gedacht. Auf die Turmspitze setzt Schweiner kein religiöses Symbol, sondern die überlebensgroße Statue eines Stadtsoldaten mit Banner und Schwert, von den Heilbronnern bald liebevoll *Männle* genannt, als Zeichen der Wehrhaftigkeit der Reichsstadt.

Nach Vollendung des Turms wird Hans Schweiner Mitglied des Heilbronner Rats. Über die Grenzen Heilbronns hinaus gilt er als geachteter Turmspezialist und wird verschiedentlich zu Rate gezogen, so in Wimpfen, Schwäbisch Hall und Schwäbisch Gmünd. 1534 ist er im Alter von zirka 60 Jahren in Heilbronn gestorben.

▲ Die Medaillons mit dem Kopf eines Türken und dem karikierten Kopf eines Bischofs.
▼ Selbstbildnis Hans Schweiners am Aufgang zur Galerie.

1530/31

Der Rat lässt die versammelte Bürgerschaft über die Reformation abstimmen

Eigentlich ist 1531 die Einführung der Reformation in Heilbronn schon beschlossen. Auf dem Reichstag zu Speyer hat Heilbronn im Frühjahr 1529 die Protestationsschrift gegen die Ächtung Luthers und das Verbot des evangelischen Bekenntnisses zusammen mit anderen Reichsständen unterschrieben und dem Kaiser übergeben. 1530 ist der Heilbronner Bürgermeister Hans Riesser persönlich dabei, als dem Kaiser auf dem Augsburger Reichstag die Confessio Augustana dargelegt wird.

Dazu bekannt haben sich die protestantischen Reichsfürsten und die Reichsstädte Nürnberg, Reutlingen, Weißenburg, Heilbronn, Kempten und Windsheim. Doch der Heilbronner Rat sichert sich auch bei seiner Bürgerschaft ab. Am 24. November 1530 gelobt die versammelte Bürgerschaft ihre Treue und Festigkeit gegenüber dem neuen Bekenntnis. 1531 wird die Heilige Messe abgeschafft, ebenfalls die Ohrenbeichte. Der Rat ruft die Bürgerschaft erneut nach Stadtvierteln zusammen und legt ihr folgende Frage vor: »Willst du, wenn der ehrbare Rat so fortfährt, bei ihrer Weisheit, und deshalb Verfolgung käme, beständig bleiben und notfalls Leib und Gut lassen?« Alle stimmen zu, bis auf einen Bürger. Dem wird nahegelegt, die Stadt zu verlassen. Darauf lenkt er ein und darf bleiben.

Da ist die Reformation in Heilbronn bereits schon seit Jahren im Gang. Mehrfach hat sich das bischöfliche Ordinariat in Würzburg an den Rat gewandt, endlich gegen die Ketzerei in der Stadt vorzugehen. Der Rat weist die Vorwürfe entschieden zurück. In der Stadt gäbe es keine Ketzerei. Es würde nur Gottes Wort gepredigt. 1524 begründet ein Heilbronner Barfüßermönch in einem Schreiben ausführlich den Austritt aus seinem Orden. Er habe seinen Irrtum eingesehen. Früher habe er die Lutherischen verfolgt. Nun habe ihn Gott aber durch Luther erleuchtet und deshalb wolle er zu ihm nach Wittenberg ziehen. 1526 heiratet der Prediger an der Kilianskirche, Johann Lachmann, nach Luthers Vorbild. Die Hochzeit mit einer Heilbronner Bürgerstochter findet in der Kilianskirche statt und wird zu einer Demonstration für den neuen Glauben: Ratsherr Hans Riesser, Führer der protestantischen Partei, nimmt als Freund Lachmanns an der Trauung teil, außerdem drei verheiratete Mönche aus Heilbronn, jeweils ein Karmeliter, ein Barfüßer und ein Zisterzienser. 1532 verkündet der Rat den Beschluss, nur noch verheiratete Geistliche einzustellen. Der frisch vermählte Johann Lachmann wird zum Heilbronner Reformator. Er führt das Abendmahl in beiderlei Gestalt ein und lässt das Schulwesen im Sinne der neuen Lehre grundlegend umgestalten. Kaspar Gretter, damals Leiter der Heilbronner Lateinschule, verfasst dafür den *Heilbronner Katechismus*, der als zweitältester evangelischer Katechismus in Deutschland gilt. Gewidmet hat er ihn 1528 dem »weisen und fürsichtigen« Bürgermeister Hans Riesser, der im selben Jahr den papsttreuen Conrad Erer als Bürgermeister abgelöst hat.

Bürgermeister Hans Riesser auf dem Augsburger Reichstag 1530. Ausschnitt aus einem Gemälde von Andreas Herneisen im Rathaus von Bad Windsheim, 1601.

Kempten . Weiſſenburg . Heilbrūn .

IUNIUS
IULIUS
AUGUSTUS
SEPTEMBER
OCTOBER
NOVEMBER
DECEMBER
IANUARIUS
FEBRUARIUS
MARTIUS
APRILIS
MAIUS
SONTAG
MONTAG
DINSTAG
MITWOCH
DONERSTAG
FREITAG
SAMBSTAG
SOL
LUNA
MARS
VENUS

1580

Isaak Habrecht vollendet die astronomische Uhr am Rathaus

Die ältesten Spuren des Heilbronner Rathauses weisen bis ins 13. Jahrhundert zurück. In der zweiten Hälfte des 16. Jahrhunderts lässt die Stadt den Bau aus hellem Heilbronner Sandstein repräsentativ erweitern. Verschiedene Renaissancebaumeister und -künstler sind daran beteiligt.

Die Galerie am Hauptbau mit den beiden Freitreppen links und rechts ruht auf einem Bogengang mit ionischen Säulen, reichhaltig geschmückt mit Plastiken. Die Brüstung mit durchbrochener Steinornamentik zieht sich über die gesamte Galerie einschließlich der Treppen. Genau in der Mitte über dem Eingangsportal sitzt die große astronomische Uhr, die sich in einem Giebel mit Glockentürmchen fortsetzt. Isaak Habrecht hat sie in den Jahren 1579/1580 geschaffen. Der Uhrmacher aus Schaffhausen betrieb in den 1570er-Jahren eine bekannte Werkstatt in Straßburg. Seine Kunstuhren zieren das Straßburger Münster, finden sich aber auch in Ulm, Braunschweig, London oder Kopenhagen. Die Bemalung und Vergoldung übernahm Hans Peter Eberlin, ein Maler aus Heilbronn.

Die Rathausuhr verfügt über drei Zifferblätter: in der Mitte die große Zwölf-Stunden-Uhr, darüber eine Mondphasenuhr, darunter ein bemaltes Zifferblatt, das die Tierkreiskreiszeichen anzeigt. Ein Mond- und ein Sonnenzeiger geben den Stand der Sonne und des Mondes darin an. Der Sonnenzeiger braucht 365 Tage für einen Umlauf, der Mondzeiger 27,5. Auch die Wochentage werden angezeigt, mit ihren Tagesregenten: Sonne, Mond, Mars, Merkur, Jupiter, Venus und Saturn.

Jede Viertelstunde schlagen steinerne Figuren die Rathausglocke im Giebel über der Mondphasenuhr an. Die Stundenuhr ist rechts und links flankiert von beweglichen Engelsfiguren, unter ihr sind zwei vergoldete Widder und ein Hahn zu sehen, die im bestimmten Stundenrhythmus in Aktion treten. Die Widder schlagen ihre Köpfe zusammen. Eine der Engelsfiguren wendet das Stundenglas und schwingt ein Zepter, mit dem sie die Stundenschläge mitzählt. Der andere Engel bläst die Posaune und mahnt an das Jüngste Gericht. Der Hahn kräht nur um die vierte, die achte und die zwölfte Stunde und bewegt dabei seine Flügel. Die Tierkreiszeichenuhr gilt als Hauptteil der Kunstuhr.

Eine Heilbronner Legende erzählt, dass die beiden Engel von Zeit zu Zeit durch die Gassen der Stadt ziehen und die Menschen zum friedlichen Umgang untereinander mahnen. Das *Gottfriedle* dreht dabei sein Stundenglas als Zeichen der Vergänglichkeit. Das *Jaköble* begleitet ihn mit der Posaune. Wer das Glück hat, ihnen zu begegnen, vergisst allen Ärger und Zorn. Leider sind sie nur selten unterwegs.

▲ Die astronomische Uhr prägt die Optik des Heilbronner Rathauses.
▼ Die Tierkreiszeichenuhr verfügt über einen Mond- und Sonnenzeiger.

1633

Der Heilbronner Bund

Wegen seiner strategischen Lage macht der Dreißigjährige Krieg auch vor Heilbronn nicht halt. Ende Dezember 1631 erscheint der schwedische General Horn vor ihren Toren. Eigentlich gehört er zu den Verbündeten, denn die Schweden kämpfen für die protestantische Sache – aber auch gegen den Kaiser, und der ist das Oberhaupt der Stadt.

Schließlich lässt man die Unterhändler ein, nachdem man sich vom kaiserlichen Kommandanten hat bestätigen lassen, dass die Stadt unter Zwang handelt. Der kaiserlichen Besatzung gewähren die Schweden freien Abzug. General Horn nimmt im Deutschhof Quartier. Heilbronn darf gegen Bezahlung eines hohen Betrags in die schwedische Kriegskasse seine Rechte und Freiheiten behalten. Klöster verlieren ihren Besitz. Mönche und Nonnen werden ausgewiesen. Die Stadt übernimmt die Höfe des Deutschen Ordens und dessen Dorf Sontheim sowie einen Teil von Talheim.

Für das Frühjahr 1633 beruft der schwedische Kanzler Axel Oxenstierna protestantische Reichsstände zu einem Konvent nach Heilbronn. Im Deutschhof treffen sich die Herzöge von Württemberg, Julius Friedrich und Eberhard III., Markgraf Friedrich V. von Baden, Graf Georg Friedrich von Hohenlohe, der auch die Interessen des Markgrafen von Brandenburg vertritt, und Rheingraf Otto Ludwig. Die Kurpfalz, Pfalz-Lautern und Pfalz-Zweibrücken sind durch Gesandte vertreten. Auch die Reichsstädte schicken Gesandte, so Nürnberg, Straßburg, Augsburg, Ulm und Frankfurt. Frankreich, Holland, Dänemark und England senden ebenfalls Diplomaten. Verhandelt wird ein enges Bündnis unter schwedischer Führung gegen den Kaiser und seine katholischen Verbündeten. Der *Heilbronner Bund* verpflichtet sich, treu zusammenzustehen, bis Friede und Freiheit im Reich wiedererlangt und Schweden für die Unterstützung der gerechten Sache gebührend belohnt sei. Um einen Streit wegen der Sitzordnung zu vermeiden, hat Oxenstierna die meisten Bänke und Stühle aus dem Saal entfernen lassen.

Ein Jahr später wendet sich das Blatt. Die Schweden werden in der Schlacht bei Nördlingen besiegt. Kaiserliche Heere besetzen Württemberg und erobern Heilbronn zurück. Der schwedische Kommandant übergibt die Stadt dem Vertreter des Kaisers, König Ferdinand von Ungarn. Dieser verlangt vom Rat den Treueschwur. Anschließend muss auch die versammelte Bürgerschaft dem Kaiser einen Treueeid leisten. Gegen eine hohe Geldzahlung – diesmal in die kaiserliche Kriegskasse – erkauft sich die Stadt einen Begnadigungsbrief. Mönche und Nonnen kehren zurück, die Klosterhöfe werden den Abteien, der Deutschhof an den Deutschen Orden zurückgegeben, ebenso das Dorf Sontheim. Die Stadt aber ist um Zigtausend Gulden ärmer.

▲ Der schwedische Kanzler Oxenstierna eröffnet den Konvent im Deutschhof.
▼ Deutschhof, Ritterherberge.

Heÿlbronn.

1688 bis 1691

Katastrophenjahre

Krieg, Pest, Aufruhr und Naturkatastrophen – das ausgehende 17. Jahrhundert bringt die Reichsstadt in schwere Bedrängnis. Innerhalb von drei Jahren häufen sich die Schreckensmeldungen. Im Jahr 1688, während des Pfälzischen Erbfolgekriegs, besetzen französische Truppen die Stadt. Um die 4000 Soldaten, fast so viele, wie die Stadt damals Einwohner hatte. Erst nach elf Wochen ziehen sie ab.

Vor ihrem Abmarsch versuchen sie Mauern, Türme und Tore in die Luft zu sprengen. Zu diesem Zweck graben sie unterirdische Gänge und füllen sie mit Pulversäcken. Doch nur ein Teil explodiert tatsächlich und die Stadt scheint nur geringen Schaden genommen zu haben. 75 000 Gulden fordern die Franzosen als Kontribution, und da die Stadt diesen horrenden Betrag nicht aufbringen kann, nehmen sie neun angesehene Bürger als Geiseln mit, darunter Bürgermeister Johann David Feyerabend. In Raten zahlt Heilbronn die Summe schließlich ab und erst nach anderthalb Jahren können die letzten Geiseln zurückkehren. Der Rat der Stadt versucht das Geld durch eine Umlage aufzubringen, doch die Bürgerschaft weigert sich. Dagegen klagt der Rat beim Kaiser und bekommt Recht. Die Unzufriedenheit bleibt.

Im folgenden Winter 1689 auf 1690 wütet die Pest in der Stadt und kostet über 300 Einwohnern das Leben. Zu allem Übel erfrieren in diesem Winter die Reben in den Weingärten. Doch es soll noch schlimmer kommen: Am 10. Februar des Jahres 1691 spürt man in Heilbronn ein Erdbeben. Der Neckar ist in diesem Winter dick zugefroren. Am 20. Februar bricht das Eis. Eisschollen türmen sich auf dem Fluss und reißen die Brücke bis auf den äußersten Bogen weg. Vermutlich war sie durch die Sprengungen der Franzosen und das Erdbeben bereits vorgeschädigt. Der Heilbronner Stadtarzt und Historiograph Johann Matthäus Faber hat in einer zeitgenössischen aquarellierten Skizze seiner Chronik die Katastrophe festgehalten.

Über 200 Jahre bestand die Steinbrücke. 1471 hatte sie die Reichsstadt anstelle der hölzernen Brücke von 1349 errichtet. Sie hatte fünf Bögen und ruhte auf vier Pfeilern im Fluss. Die Heilbronner Chronik merkt an, dass sie wohl zu niedrig über dem Wasserspiegel gebaut war, was Beschädigungen durch Überschwemmungen und Eisgänge, die während der Kleinen Eiszeit im 16. Jahrhundert zunahmen, förderte. Nun behalf man sich zunächst mit Schiffsbrücken. Sie hielten aber jeweils nur wenige Wochen, denn in diesem Jahr trat der Neckar mehrfach über die Ufer und zerstörte sie. So dauerte es bis in den Herbst 1691, bis eine neue, stabile hölzerne Brücke fertiggestellt war. Teilweise konnte man dafür die Fundamente der alten steinernen Brücke nutzen. Eine Brücke wie die zerstörte aus Steinquadern gab es nicht mehr.

Heilbronn von Westen mit der steinernen Brücke, Stich von Matthäus Merian 1643.

1751

Heinrich Friedrich Füger, der Kunstpapst von Wien

Seine Gemälde hängen in den Museen in St. Petersburg, Budapest, Wien, Stuttgart oder New York. Heinrich Friedrich Füger gilt als einer der bedeutendsten deutschen Maler des Klassizismus. An der Wende vom 18. zum 19. Jahrhundert nannte man ihn den Kunstpapst von Wien.

Damals war er Direktor der Wiener Kunstakademie und leitete die Kaiserliche Gemäldesammlung. Johann Gottfried Seume besuchte ihn um den Jahreswechsel 1801/1802 auf seinem *Spaziergang nach Syrakus,* als er in Wien Station machte, und schrieb begeistert: »Gestern war ich bei Füger und hatte eine schöne Stunde wahren Genusses. Wer in den Zimmern eines solchen Mannes lange Weile hat, für den ist keine Rettung.« Über mehrere Seiten der Reisebeschreibung schildert er Fügers Gemälde, die er in seinem Atelier betrachtet hatte.

Als Füger 1751 in Heilbronn geboren wird, herrscht gerade Frieden zwischen den Franzosen und den Österreichern. Jahrelang lag Heilbronn im Kampfgebiet ihrer Armeen. Das wird bald auch wieder so sein. Sein Vater, Josef Gabriel Füger, kommt 1747 als junger Pfarrer von Frankenbach nach Heilbronn. Er hängt dem Pietismus an und macht in der Stadt bald Karriere. Schließlich ist er ranghöchster Geistlicher im *Evangelischen Ministerium* der Reichsstadt. Seine Söhne besuchen das Heilbronner Gymnasium.

Heinrich Friedrich schickt er bereits 1764 als Dreizehnjährigen auf die Kunstakademie nach Ludwigsburg. 1769 geht der junge Maler nach Leipzig, fünf Jahre später nach Wien. Dort fällt er wegen seines Talentes auf. Er hat sich auf Porträtminiaturen spezialisiert, wird in der Wiener Gesellschaft bald bekannt und lernt die kaiserliche Familie kennen, die ihm den Weg für die weitere Karriere ebnet. Mehrere Jahre hält er sich als Stipendiat in Rom auf, anschließend malt er im Auftrag der kaiserlichen Familie in der Umgebung von Neapel.

Sein zwei Jahre älterer Bruder Gottlieb Christian Füger tritt als Klaviervirtuose und Komponist in Erscheinung, auch als Chemiker und Alchimist. Vermutlich fand auch er den Weg in die Kaiserstadt. 1784 veröffentlicht er einen Aufsatz in einer Wiener Zeitschrift, die Otto Heinrich von Gemmingen herausgibt. Der ebenfalls in Heilbronn geborene Dichter und Reichsfreiherr ist etwa im gleichen Alter wie die Füger-Brüder und wie Heinrich Friedrich - vielleicht auch Gottlieb Christian - aktiv in den Wiener Freimaurerlogen unterwegs. Gemmingen ist *Meister vom Stuhl* in der Loge *Wohltätigkeit* und befreundet mit Mozart, der in diesen Jahren in die Loge *Wohltätigkeit* aufgenommen worden ist.

1818 stirbt Heinrich Füger hochgeehrt in Wien. Er ist auf dem Friedhof Matzleinsdorf (heute Waldmüllerpark) begraben.

Füger war Ritter des Ordens der Württembergischen Krone und Ehrenmitglied der Kunstakademien in München und Mailand. Die Akademie der Bildenden Künste Wien verleiht jährlich die »Füger-Medaille« in Gold und Silber. In Wien ist die Fügergasse im 6. Bezirk nach ihm benannt.

▲ Selbstporträt (vor 1818). ▼ Selbstporträt des erst sechzehnjährigen Heinrich Friedrich Füger (links) neben seinem Bruder Gottlieb Christian von 1768.

Neckar Gartach
Neckar flur

1732 bis 1758

Rebellion in Neckargartach

Ein Dorf, das sich gegen eine Reichsstadt zur Wehr setzt? Eine Reichsstadt, die Leibeigene hat? Neckargartach gehörte zum Heilbronner Territorium. Damit war Heilbronn Landesherr. Nicht nur das: Viele Neckargartacher waren Leibeigene der Reichsstadt, die das Dorf als Lehen innehatte. Oberlehnsherr war aber der Herzog von Württemberg. Und das kam so:

Als die Reichsstadt 1341 das Dorf den Herren von Weinsberg abkaufte, verblieb es formal als Lehen bei Weinsberg. Als die Kurpfalz den Weinsberger Besitz übernahm, wurde sie die oberste Lehnsherrin, und als Württemberg der Kurpfalz die Herrschaft Weinsberg im bayerisch-pfälzischen Erbfolgekrieg abnahm, war der Herzog von Württemberg Oberlehnsherr in Neckargartach.

Die damit verbundenen rechtlichen Unklarheiten führten 1732 zur Rebellion der Neckargartacher, als der Magistrat der Stadt eine neue Besteuerung durchsetzen und die Leibeigenschaft neu ordnen wollte. Dagegen wehrten sich die Neckargartacher, beschwerten sich beim württembergischen Lehnsgerichtshof und verweigerten die Steuerzahlung. Der Streit zog sich über Jahrzehnte hin. 1738 wurde ein Kommissar, der im Dorf ein neues Leibeigenschaftsverzeichnis anlegen wollte, bedroht und zum Dorf hinausgejagt. Der Rat ließ fünf der Aufständischen verhaften, doch Württemberg verlangte als Oberlehnsherr ihre Freilassung, worauf die Reichsstadt nachgab, sich aber beim Reichsgericht in Wien beschwerte.

Schließlich ließ die Stadt das rebellische Dorf durch Truppen des Schwäbischen Kreises besetzen. Schulmeister Johann Philipp Hagner, der Anführer der Aufständischen, wurde entlassen. Doch die Neckargartacher gaben nicht auf, schickten den abgesetzten Schulmeister mit einer Delegation nach Wien, damit dieser wieder eingesetzt und das Dorf gegen die Reichsstadt Heilbronn in Schutz genommen würde. Ein Verfahren wurde eingeleitet. Darauf versuchte die Stadt abermals mit Soldaten in Neckargartach einzurücken, um den Schulmeister zu verhaften. Nach erbittertem Widerstand der Dorfbevölkerung zogen die Soldaten wieder ab. Nun ging die Stadt daran, das Problem auf andere Weise zu lösen. Sie verhandelte mit Württemberg und kaufte dem Herzog die Oberlehnsherrschaft über Neckargartach für 25 000 Gulden ab. Noch schwebte das Verfahren in Wien und es dauerte weitere vier Jahre, bis das Reichsgericht sich für die Stadt entschied. Schulmeister Hagner und sein Bruder wurden vom Henker ausgepeitscht und erhielten eine lebenslängliche Zuchthausstrafe. Andere bekamen Haftstrafen von zwei Monaten bis zwei Jahren. Das Dorf musste die Kosten des Verfahrens von 6000 Gulden übernehmen, Hagners Besitz fiel an die Stadt.

▲ Dorfansicht um 1684 von Andreas Kieser in einem württembergischen Forstlagerbuch.
▼ Peterskirche in Neckargartach.

1802

Heilbronn verliert seine Selbständigkeit

»Wir, Friedrich der Zweite, von Gottes Gnaden Herzog von Württemberg und Teck, entbieten den Bürgermeistern und Magistrat, den geistlichen und weltlichen Beamten und Dienern sowie den sämtlichen Bürgern, Einwohnern und Untertanen der Reichs-Stadt Heilbronn und des dazu gehörigen Gebiets Unsere Herzogliche Gnade und alles Gute.«

Mit diesen eher harmlos klingenden Worten beginnt das Besitzergreifungspatent, mit dem am 23. November 1802 ein württembergischer Regierungsrat auf dem Heilbronner Rathaus erscheint und dem Magistrat mitteilt, dass der Herzog ihn zur »Ergreifung des Zivilbesitzes der hiesigen Stadt und ihres Gebiets« beauftragt habe.

Dem Magistrat bleibt nichts anderes übrig, als den geforderten Treueeid zu leisten. Ratsherr Christoph Ludwig Schreiber verweigert ihn als Einziger und legt sein Amt nieder. Monate zuvor hat die Reichsstadt vergeblich versucht, den Verlust ihrer Selbständigkeit abzuwenden. Sie schickt eine Gesandtschaft nach Paris. Doch der französische Außenminister Talleyrand lässt ihnen klarmachen, dass das Schicksal Heilbronns besiegelt sei. Kaiser Napoleon hat die Neuordnung Deutschlands beschlossen. Für den Verlust seiner linksrheinischen Besitzungen soll Württemberg mit ehemals reichsfreien Gebieten entschädigt werden. Darunter zählt auch die Reichsstadt Heilbronn.

Württembergische Truppen kommen in die Stadt. Der Magistrat hat zu »ruhigem Verhalten« und »gefälligem Benehmen« gegenüber dem Militär aufgefordert. Eine der ersten Maßnahmen der neuen Machthaber ist, den reichsstädtischen Adler am Rathaus zu entfernen. Die reichsstädtische Verfassung wird außer Kraft gesetzt. Die Heilbronner Stadtsoldaten müssen ihre Waffen abgeben, der letzte reichsstädtische Bürgermeister Georg Christoph Kornacher den Hut nehmen. Der Reichsdeputationshauptschluss bestätigt am 25. Februar 1803 im Nachhinein die Fakten, die Napoleon geschaffen hat. Drei Jahre später legt Kaiser Franz die Reichskrone nieder und erklärt das Reich für aufgelöst. Heilbronn wird württembergische Oberamtsstadt, die ehemaligen reichsstädtischen Dörfer Böckingen, Neckargartach, Frankenbach und Flein werden zu selbständigen württembergischen Gemeinden.

Im Sommer 1803 besucht der Herzog, jüngst zum Kurfürsten erhoben, erstmals die Stadt. Am Sülmertor und am Fleiner Tor werden Ehrenpforten errichtet. Letzteres muss erweitert werden, damit der kurfürstliche Reisewagen durchpasst. Eine Delegation von Kaufleuten der Stadt empfängt den hohen Besuch. Vierundzwanzig Ehrenjungfern in griechischer Tracht streuen Blumen. Auf dem Marktplatz huldigen dem Monarchen die versammelten Einwohner und leisten den geforderten Treueeid. Kurfürst Friedrich (seit 1806 König) lässt kostenlos Wein ausschenken. Am Abend gibt es Festbeleuchtung in der Stadt.

Auch die geistlichen Herrschaftsgebiete gibt es bald nicht mehr. Der Besitz des Deutschen Ordens samt dem Deutschhof fällt an den württembergischen Staat. Dort zieht nun ein württembergisches Infanterieregiment ein.

▲ Heilbronn, Fleiner Tor, um 1820. ▼ Besitzergreifungspatent von 1802.

Wir Friderich der Zweite von Gottes Gnaden Herzog von Württemberg u. Teck,
entbieten den Burgermeistern und Magistrat, den geistlichen und weltlichen Beamten und Dienern, so wie den sämtlichen Bürgern, Einwohnern und Unterthanen der Reichs-Stadt Heilbronn und des dazu gehörigen Gebiets Unsere Gnädigste Gnade und alles Gute.

Gegeben in Unserer Residenzstadt Ludwigsburg den 23 Nov. 1802.

ad Mandatum
Serenissimi Domini Ducis proprium

Georg Peter
und seine Gemahlin Henriette
geb.

1805

Georg Peter Bruckmann begründet die deutsche Silberwarenindustrie

Als Georg Peter Bruckmann (1778–1850) im Jahr 1805 die Silberschmiede seines Vaters am Marktplatz in Heilbronn übernimmt, sind die Napoleonischen Kriege in vollem Gang. Wiederholt ziehen in diesem Jahr französische Heere durch die Stadt und wollen einquartiert werden.

Die Nikolaikirche hat man zu einem Militärhospital umgewandelt. In der Kilianskirche sind kriegsgefangene Österreicher und Russen eingesperrt. Auf Druck Napoleons muss sich Kurfürst Friedrich von Württemberg dem Krieg gegen Österreich und Russland anschließen. Schlechte Zeiten für eine Unternehmensgründung! Nach der Lehre im elterlichen Betrieb hat sich Bruckmann auf Wanderschaft begeben, wie es damals im Handwerk üblich ist. In Wien belegt er Zeichenkurse an der Akademie der Bildenden Künste, die damals von dem Heilbronner Maler Heinrich Friedrich Füger geleitet wird. In Paris studiert er die Herstellung von Prägestempeln für die serielle Fertigung von Silberwaren und in Genf macht er sich mit der Schmuckwarenherstellung vertraut.

Zurück in Heilbronn setzt er seine in Frankreich gemachten Erfahrungen um und geht als erster Silberschmied in Deutschland daran, seine Waren industriell herzustellen. Durch die Massenproduktion, besonders von Silberbestecken, kann er preiswerter anbieten als die Konkurrenz. Bis in die Zeit um 1830 ist sein Betrieb die einzige Silberwarenfabrik in Deutschland, die diesen Namen verdient. Da ist seine Firma schon in neue Fabrikgebäude in der Allerheiligenstraße umgezogen und der Maschinenbestand erheblich ausgeweitet worden.

Nicht nur auf die Qualität seiner Ware legt er besonderen Wert. Auch an seine Arbeiter und deren Ausbildung stellt er hohe Anforderungen. So stiftet er im Jahr 1842 stattliche 10 000 Gulden für den Bau einer eigenen Zeichen- und Modellierschule, die als Keimzelle der späteren Heilbronner Berufsschule gilt.

Nach seinem Tod blieb das Unternehmen in Familienbesitz und expandierte stetig weiter. Gegen Ende des 19. Jahrhunderts war *Bruckmann und Söhne* die größte und modernste Silberwarenfabrik Deutschlands. Produziert wurde nun in neuen Betriebsgebäuden in der Lerchenstraße mit 700 Beschäftigten. Damals trat sein Enkel Peter Bruckmann in die Geschäftsführung ein, der das Unternehmen durch die schwierigen Zeiten des Ersten Weltkriegs führte. Peter Bruckmann war Mitbegründer und Vorsitzender des Deutschen Werkbundes und in den 1920er-Jahren als Nachfolger von Conrad Haußmann Vorsitzender der Deutschen Demokratischen Partei Württembergs. Die Firma *Bruckmann und Söhne* bestand bis 1968.

▲ Georg Peter Bruckmann und seine Gemahlin Henriette, geb. Madepohl, aus den Familienaufzeichnungen der Familie Bruckmann. ▼ Silberwarenfabrik Bruckmann & Söhne um 1900.

1810

Kleist, Heilbronn und sein Käthchen

Am 17. März 1810 fand in Wien die Erstaufführung von »Das Käthchen von Heilbronn« am Theater an der Wien statt. Entstanden ist Kleists großes historisches Ritterschauspiel aber bereits in den Jahren 1807 bis 1808. Doch woher hat Kleist seinen Stoff?

Diese Frage stellt man sich besonders in Heilbronn. Gibt es ein historisches Vorbild in der Stadt, ein Urkäthchen? Schnell hat man ein geeignetes Gebäude ausgemacht, wo das Käthchen gewohnt haben soll. Bis heute heißt das mittelalterliche Steinhaus am Marktplatz dementsprechend *Käthchenhaus*.

Kleist selbst sprach zwar von einer »trefflichen Erfindung«, aber der Verfasser einer Theaterkritik in der Dresdner Abendzeitung brachte mit folgender Behauptung eine Lawine ins Rollen: »Bei seinen militärischen Streifzügen durch Schwaben fand Kleist die Legende vom Käthchen als einer Volkssage. Er bewahrte selber das gedruckte Flugblatt noch auf, das er auf einem Jahrmarkt gekauft hatte.« Das war 1819, acht Jahre nach Kleists Tod. So wird das *Käthchen von Heilbronn* bereits wenige Jahre nach der Veröffentlichung des Dramas für eine Sagenfigur gehalten. Doch nie hat man irgendeinen Beleg oder Hinweis auf das erwähnte Flugblatt gefunden und militärische Streifzüge in Schwaben hat Kleist nie unternommen.

Der Inhalt in aller Kürze: Der Heilbronner Waffenschmied Theobald Friedeborn klagt den Grafen von Strahl vor dem Femegericht an, seine fünfzehnjährige Tochter Käthchen verzaubert und entführt zu haben. Seit der Graf in seiner Werkstatt mit ihr zusammengetroffen ist, folgt sie ihm blindlings. Vor der Burg des Grafen versinkt Käthchen in einen tiefen Schlaf. Der Graf trifft auf sie, und da er erfahren hat, dass sie im Schlafe spricht, fragt er sie, warum sie ihm folge. Käthchen spricht zu ihm von einem Traum, den der Graf in ähnlicher Weise geträumt hatte. Darin war ihm geweissagt worden, eine Kaisertochter zu heiraten, die er nun in Käthchen erkennt. Der Graf tritt vor den Kaiser und stellt ihn zur Rede. Schließlich gesteht der Kaiser ein, in Käthchen eine uneheliche Tochter zu haben. Käthchen und der Graf heiraten.

Kleist lässt sein Drama in der Welt des hohen Mittelalters spielen, in der Reichsstadt Heilbronn und der Burg des Grafen Wetter vom Strahl. Zwei Welten werden in der Handlung zusammengeführt: die höfische des Adels und die bürgerliche, in der Käthchen aufwächst. In ihrer Person wird dieser Gegensatz aufgehoben. In der Überwindung der Standesschranken sieht das Publikum des gerade beginnenden bürgerlichen Zeitalters seine Ziele modellhaft aufgezeigt. Die Kleist'sche Konstruktion stößt allerdings nicht überall auf Beifall. Goethes Urteil ist vernichtend. 1817 schreibt er in sein Tagebuch: »Ein Gemisch von Sinn und Unsinn! Die verfluchte Unnatur! Das führe ich nicht auf, wenn es auch halb Weimar verlangt!« Dem ungeachtet wird das Drama zu einem Riesenerfolg, hauptsächlich wegen seines romantischen Stoffes. Dieser wird bald in vielen volkstümlichen Bearbeitungen verbreitet und Heilbronn hat Kleist nebenbei eine ideale Figur aus ihrer Glanzzeit als Reichsstadt geschenkt, mit der die Stadt auch heute noch in der Öffentlichkeit Werbung für sich macht.

▲ Das Käthchen von Heilbronn, Gemälde von Wilhelm Nerenz, 1836.
▼ Käthchendenkmal von Dieter Läpple.

Der Krahnen.

Steindr. v. Gebr. Wölff in Hlbro

1817

Friedrich List befragt Auswanderer

Am 29. April 1817 schickt die württembergische Regierung den Rechnungsrat Friedrich List nach Heilbronn. Er soll in Erfahrung bringen, warum sich immer mehr Auswanderer aus dem Königreich auf den Weg nach Heilbronn machen, um von dort nach Amerika auszuwandern.

Tags darauf schreibt List seinen ersten Bericht – von sich spricht er in der dritten Person: »Commissarius List begab sich nun auf den Kranen, wo eine Zahl von 600–700 Auswanderer zum Teil in den Schiffen, zum Teil aber auf dem freien Platz sich gelagert hatten, um auf den 1. Mai abzugehen.« Die Leute waren teilweise tagelang unterwegs gewesen, zu Fuß, mit Leiterwagen für ihre Habseligkeiten. Neben den Oberämtern Heilbronn, Weinsberg und Neckarsulm nennt List auch die Oberämter Ludwigsburg, Sindelfingen, Beutelsbach, Schorndorf oder Göppingen als Herkunftskreise. Am 7. Mai schickt er den Abschlussbericht nach Stuttgart. Neben der aktuellen Hungersnot und Teuerung hätten die Auswanderer als Motive angegeben: unerschwingliche Steuern, Schikanierungen durch Beamte und Gutsherren sowie Missstände im Gerichtswesen. Außerdem glaube niemand daran, dass es bald Besserung gäbe. Einer der Befragten sagte, sie wollten lieber Sklave in Amerika sein als Bürger in Weinsberg.

Missernten gibt es zu dieser Zeit in regelmäßiger Folge, so auch in den Jahren 1805, 1809, 1810, 1813 und 1815. Besonders schlimm ist es 1816, als in einem überaus nassen und kalten Jahr fast die gesamte Ernte ausfällt. Ein Löwensteiner Familienvater schrieb damals: »Wir wissen uns nicht mehr zu helfen. Auf dem Handwerk ist kein Kreuzer zu verdienen und Taglohn kann man nicht haben. Wir haben seit einigen Tagen nichts zu essen und fallen fast um vor Schwäche.« Alles verkaufen und auswandern, das sehen Tausende Württemberger als letzte Möglichkeit. Schlepper sind im Land unterwegs, die sie darin bestärkten. Wer gar nichts hätte, dürfe trotzdem darauf hoffen, vom Kapitän eines Seglers mitgenommen zu werden. Drüben in Amerika könnten sie dann ihre Fahrtkosten abverdienen. Das bedeutet oft viele Jahre Knechtschaft. Schlepper, Schiffsunternehmer und die künftigen Dienstherren, die dem Kapitän in Amerika die Überfahrt bei der Ankunft bezahlen, verdienen gut daran.

Die Ernte im Jahr 1817 fällt glücklicherweise gut aus. Überall im Land werden Dankgottesdienste abgehalten und die Ankunft der ersten Erntewagen regelrecht gefeiert, so auch in Heilbronn. Im 19. Jahrhundert gibt es einige Auswanderungswellen, nach weiteren Hungersnöten oder nach der niedergeworfenen Revolution von 1848/49 und in den 1880er-Jahren. Bis zum Bau der Eisenbahn beginnt für die meisten Auswanderer aus Württemberg die Fahrt in die Neue Welt im Heilbronner Hafen.

▲ Hafen mit Gasthaus zum Kranen, Lithographie der Gebrüder Wolff, 1829. Hier führte Friedrich List eine Auswandererbefragung im Auftrag des württembergischen Königs durch. ▼ Schmuckblatt zum Andenken an die große Teuerung 1817: Feierlicher Einzug des ersten Erntewagens in Heilbronn.

1838

Gustav von Schmoller, Vordenker der Sozialen Marktwirtschaft

Als »Kathetersozialisten« bezeichnen ihn spöttisch seine Gegner. Er sei ein »Gönner des Sozialismus«, meint Heinrich von Treitschke. Bismarck dagegen versichert dem Straßburger Professor für Nationalökonomie seine Wertschätzung. Auf Bismarcks Sozialgesetzgebung hat Schmoller maßgeblichen Einfluss. Zeitlebens setzt sich Gustav von Schmoller für soziale Gerechtigkeit durch Reformen ein, die auch ohne sozialistische Revolution zu erreichen sei. Sein Ziel ist es, »auf der Grundlage der bestehenden Ordnung die unteren Klassen soweit zu heben, dass sie in Harmonie und Frieden sich in den Organismus einfügen«.

Am 24. Juni 1838 wird Gustav von Schmoller in Heilbronn geboren, wo sein Vater das württembergische Kameralamt leitet. Seine Jugendzeit in der Neckarstadt hat ihn nach eigenen Aussagen geprägt. »Ich erlebte heranwachsend 1848–1864 ein großes wirtschaftliches Aufblühen der Stadt, das meinen beginnenden nationalökonomischen Studien zur lebendigen Illustration gereichte.« In seinem Geburtsjahr vermerkt ein Handbuch über das Königreich Württemberg: »Wirft man einen Blick auf die Verteilung der württembergischen Industrie in den einzelnen Gegenden des Landes im Allgemeinen, so zeigt sich, dass die Stadt Heilbronn verhältnismäßig die meisten, nämlich 20 Fabriken mit gegen 500 Arbeitern hat.«

An seine Schulzeit im Heilbronner Gymnasium erinnert er sich mit gemischten Gefühlen. Lediglich der Unterricht beim Rektor des Gymnasiums, Wilhelm Bernhard Mönnich, in den Fächern Geschichte und Deutsche Literatur hebt er lobend hervor. Und nach dem Unterricht? »Der Wassersport, Kämpfe verschiedener Schülerboote auf dem Neckar untereinander, füllten meine freie Zeit aus.« Aber der junge Schmoller aquarelliert in seinen Mußestunden auch. Den Heilbronnern hinterlässt er ein ganzes Album mit Ansichten seiner Heimatstadt und ihrer Umgebung aus der Mitte des 19. Jahrhunderts.

Nach dem Studium der Kameralwissenschaft in Tübingen schlägt Schmoller die akademische Laufbahn ein und wird Professor in Halle und Straßburg. Als führender Nationalökonom seiner Zeit erhält er 1882 einen Ruf nach Berlin. Zwei Jahre später wird er Mitglied des *Preußischen Staatsrats* und 1887 in die *Preußische Akademie der Wissenschaften* aufgenommen. Zahlreiche Ordensverleihungen und Ehrungen in- und ausländischer Wissenschaftsakademien folgen.

Gustav von Schmoller arbeitete interdisziplinär, war sowohl Wirtschafts- und Sozialhistoriker als auch Volkswirtschaftler und Politiker, der seine theoretischen Erkenntnisse in die Praxis umgesetzt sehen wollte. So wurde er Mitbegründer des *Vereins für Sozialpolitik*, der noch heute existiert, und dessen langjähriger Vorsitzender. Schmoller war ein Vordenker der Sozialen Marktwirtschaft.

Gustav von Schmoller wuchs in Heilbronn auf. Seine Jugendzeit in der Neckarstadt hat ihn nach eigenen Aussagen entscheidend geprägt.

1841

Das erste Dampfschiff fährt in den Heilbronner Hafen ein

»Inexplosible« steht auf der Abdeckung des Schaufelrads des ersten Neckar-Dampfboots, das am 7. Dezember 1841 Heilbronn anfährt. Das soll skeptischen Zeitgenossen Vertrauen einflößen. Vom Kranen am Hafen und von den Türmen der Stadt wehen Flaggen. Dicht gedrängt stehen die Heilbronner am Ufer und die Bordkanonen des Dampfers feuern Salutschüsse ab.

Schon 24 Jahre früher befährt ein erstes Dampfboot den Neckar – von Sontheim nach Heilbronn. Es bringt aber nicht die erhoffte Leistung, ist unwirtschaftlich und bleibt eine Episode. Als der Heilbronner Kaufmann Karl Christoph Reuß dann auf der Loire französische Flussdampfer kennenlernt, beschließt er, dieses neuartige Verkehrsmittel auch in seiner Heimatstadt einzuführen und gründet 1839 zusammen mit Friedrich Tscherning die Aktiengesellschaft *Neckardampfschiffahrt*. 500 Aktien zu je 200 Gulden werden ausgegeben. Das erste Neckardampfschiff wird in Nantes gebaut, hat 20 PS, einen Tiefgang von nur 45 Zentimeter bei einer Belastung von 7 Tonnen und kostet 80 000 Francs. Der geringe Tiefgang macht eine Anpassung des Neckarbettes wegen möglicher Untiefen überflüssig.

Die *Wilhelm*, wie das Schiff nach dem württembergischen König genannt wird, kommt zerlegt in Straßburg an, wird dort montiert, fährt dann mit eigener Kraft den Rhein abwärts bis Mannheim und den Neckar aufwärts nach Heilbronn. Bereits im ersten Betriebsjahr befördert das Schiff 24 000 Personen. In den folgenden Jahren wird die Dampferlinie mit zwei weiteren Schiffen ausgebaut. Der Kohleverbrauch ist allerdings enorm, sehr teuer und beansprucht außerdem wertvolle Ladekapazität. So geht man 1846 daran, die Dampfmaschine effektiver zu konstruieren und die Abgase durch ein Röhrensystem dem Dampfkessel für eine weitere Nutzung zuzuführen.

Für die Strecke neckarabwärts bis Mannheim braucht das Schiff acht bis neun Stunden, neckaraufwärts zwölf bis 13 Stunden. Die Linie wird täglich mit zwei Schiffen befahren. Mit der Fertigstellung der Eisenbahnlinie von Stuttgart nach Heilbronn im Jahr 1848 gibt es für Reisende aus Stuttgart die Möglichkeit, vom Heilbronner Bahnhof, der direkt neben dem Hafen errichtet wird, auf das Dampfschiff umzusteigen. In Mannheim gibt es Anschluss zu den Rheinschiffen nach Straßburg und Köln. Auch der Gütertransport profitiert von der Kombination von Schiff und Bahn. Bis 1854 floriert die Neckarschifffahrt. Eine Heilbronner Zeitung nennt sich nach dem populären Verkehrsmittel *Neckardampfschiff*. Mit dem weiteren Ausbau der Eisenbahnlinien nimmt ihre Bedeutung in den folgenden Jahrzehnten deutlich ab.

▲ Heilbronner Wilhelmskanal nach 1840, gemalt von Friedrich Federer. ▼ 1841 erreicht das erste Dampfboot Heilbronn. Lithografie der Gebrüder Wolff, Heilbronn.

1842

Robert Mayer formuliert das Energieerhaltungsgesetz

Folgende Verse auf der Rückseite des Robert-Mayer-Denkmals fassen in poetischer Form den Ersten Hauptsatz der Thermodynamik zusammen, das universelle Gesetz von der Erhaltung der Energie, das Robert Mayer nachgewiesen hat. Robert Mayer schrieb 1842, dass verschiedene Formen von Energie sich zwar ineinander umwandeln können, aber niemals verschwinden.

Wo Bewegung entsteht / Wärme vergeht / Wo Bewegung verschwindet / Wärme sich findet. / Es bleiben erhalten / Des Weltalls Gewalten. / Die Form nur vergeht, / Das Wesen besteht.

Genau fünfzig Jahre später widmet die Stadt Heilbronn ihrem großen Sohn ein Denkmal, das auf dem Marktplatz an ihn erinnert, nicht weit entfernt von der früheren Rosenapotheke, in der Nähe des heutigen Käthchenhofs, wo er aufgewachsen ist. Der Münchner Bildhauer Wilhelm von Rümann hat es nach einem Entwurf von Ludwig Pfau geschaffen. Zwei Kinderfiguren links und rechts veranschaulichen das Naturgesetz. Die eine trägt eine Fackel. Sie verkörpert die Wärme. Die andere hebt ein Gewicht in die Höhe, das steht für die Bewegung.

Wie Robert Mayer zu seiner Entdeckung gekommen ist, ist eine Geschichte für sich. 1840/41 unternimmt der 26-Jährige eine Reise nach Java, als Schiffsarzt auf einem holländischen Segelfrachtschiff. Bei Aderlässen fällt ihm auf, dass in der Hitze Ostindiens das venöse Blut viel heller fließt, als er es von Europa kennt. Es muss mehr Sauerstoff enthalten, denn sauerstoffreiches Blut ist heller. Er sucht nach einer Erklärung. Der menschliche Körper ist wie ein Ofen und braucht Sauerstoff zur Verbrennung. Offenbar muss er bei tropischer Hitze schwächer heizen, um seine Leistung zu bringen. Es bleibt mehr Sauerstoff im venösen Blut. Deshalb ist es hier heller. Da fällt es ihm wie Schuppen von den Augen: Der Verbrennungsprozess betreibt die menschliche Maschine. Wärme setzt sich um in Bewegung – und umgekehrt. Als Sechzigjähriger erinnert er sich an diese bahnbrechende Erkenntnis: »Der junge Mann kam in seine Vaterstadt zurück, voll von der auf dieser Reise ihm klargewordenen Idee, dass Bewegung und Wärme nur verschiedene Erscheinungsformen einer und derselben Kraft seien.«

Unverzüglich macht er sich gleich nach seiner Rückkehr daran, die Entdeckung in einem Aufsatz zu veröffentlichen. Doch die Physiker an den Universitäten nehmen die Ausführungen des jungen Heilbronner Mediziners nicht zur Kenntnis. Ein zermürbender Kampf um Anerkennung folgt, der ihm physisch wie psychisch hart zusetzt. Erst über ein Jahrzehnt später schreibt ihm der Universalgelehrte Hermann Helmholtz, einer der einflussreichsten Naturwissenschaftler seiner Zeit, die Erstentdeckung des Energieerhaltungssatzes zu. Nun empfängt der Heilbronner Stadtarzt und Physiker Robert Mayer hohe Ehrungen, unter anderem das Ritterkreuz des Verdienstordens der württembergischen Krone, das mit der Erhebung in den persönlichen Adelsstand verbunden ist.

Das Robert-Mayer-Denkmal auf dem Marktplatz, vom Münchner Bildhauer Wilhelm von Rümann, nach einem Entwurf von Ludwig Pfau.

ROBERT
MAYER

Heilbronner Bürgerwehr 1848.

Michel und seine Kappe im Jahr 48.

Frühjahr.

Sommer.

Spätjahr.

1848/49

Henriette Betz und die Revolutionsfahne der Turner

In Heilbronn ist während der Revolution 1848/49 einiges los und auch die Heilbronner Frauen und Mädchen engagieren sich tatkräftig. Im Sommer 1848 gründet sich ein *Verein patriotisch gesinnter Jungfrauen zur Fertigung scharfer Munition.*

Für die *Turnerwehr*, die aus der Turngemeinde hervorgegangen ist, bieten die *Jungfrauen* Heilbronns an, eine Fahne zu sticken – mit den Farben der Revolution: Schwarz-Rot-Gold. Als die Turnerwehr ein Jahr später aus der Stadt zieht, um sich dem badischen Freiheitskampf gegen Preußen und die Truppen des Deutschen Bundes anzuschließen, die nach Baden eimarschiert waren, nehmen sie die Fahne mit.

Die badischen Truppen und ihre Verbündeten werden geschlagen und die Heilbronner Turnerwehr zieht mit den letzten Kämpfern und der Fahne ins Schweizer Exil. Doch in der Schweiz soll sie nicht bleiben, sondern möglichst bald zurück nach Heilbronn gebracht werden. Einer der Turner, der schon am 13. September 1849 die Heimreise antritt, übernimmt diese Aufgabe. Die Fahne trägt er unter seiner Kleidung. In Friedrichshafen am Bodensee betritt er württembergischen Boden und schmuggelt die Fahne unbemerkt durch den Zoll. Wäre sie entdeckt worden, hätte man ihn wohl verhaftet, denn inzwischen verfolgt die Reaktion alle Revolutionäre und duldet keine revolutionären Symbole. Unbehelligt kommt er in Heilbronn an. In der Nacht übergibt er die Fahne an eine ihm bekannte patriotische Dame namens Henriette Betz, mit der Bitte, sie zu verwahren und niemand anderem als dem dereinst bestimmten Vertreter der Turnerwehr auszuhändigen. Was tun mit der Fahne? Sie muss versteckt werden! Die beherzte Heilbronnerin näht sie in ihr Sofa ein. Doch die Polizei bekommt einen Hinweis und führt eine Durchsuchung im Hause Betz durch. Die Fahne im Sofa findet sie aber nicht.

Als die Reaktion in Heilbronn nicht mehr wütet, stellt sich die Frage, wem Henriette Betz nun die Fahne geben soll. Eine Turnerwehr gibt es nicht mehr, wohl aber die Turngemeinde, die auch gleich Besitzansprüche stellt. Diese wendet sich an die Heilbronnerinnen, welche die Fahne einst genäht hatten, und alle erklären sich einverstanden, dass sie in den Besitz der Turngemeinde übergeht.

Zurück in das Jahr 1849, die Zeit der Verfolgung und des Exils der Turnerwehr in der Schweiz: Auch hier werden Heilbronnerinnen aktiv, gründen einen *Verein junger Mädchen zur Unterstützung der politischen Flüchtlinge in Bern*, sammeln Geld in der Stadt und schicken wöchentlich vierzig Gulden an einen Mittelsmann in der Schweiz, der das Geld zu den Turnern weiterleitet, bis diese wieder aus dem Exil zurückgekehrt sind.

Als die Damen aber eine Lotterie von Handarbeiten veranstalten wollten, um die Flüchtlinge zu unterstützen, schritt die Kreisregierung ein, denn offiziell durfte man die Revolutionäre im Schweizer Exil nicht unterstützen.

▲ Kolorierte Lithographie, ganz links ein Heilbronner Turnerschütze. ▼ Karikatur zum Verlauf der Revolution in der Ausgabe des Eulenspiegel vom 24.3.1849. Der Heilbronner Ludwig Pfau gab dieses politische Satiremagazin heraus.

1860

Knorr und die Anfänge des Heilbronner Suppenimperiums

Der Name Knorr ist noch heute marktbeherrschend, im In- und Ausland bekannt, wenngleich die Firma längst in einem großen Konzern aufgegangen ist. Bis 2018 gab es die legendäre Erbswurst von Knorr zu kaufen, aus der in wenigen Minuten eine sämige Erbsensuppe gezaubert werden konnte. 129 Jahre war sie auf dem Markt. Begonnen hat das Suppenimperium von Knorr dagegen recht bescheiden.

Im Jahr 1838 kommt Carl Heinrich Theodor Knorr in die Neckarstadt und gründet in der heutigen Kaiserstraße ein Lebensmittel- und Kolonialwarengeschäft. In einer Anzeige im *Heilbronner Intelligenzblatt* macht er auf die Eröffnung aufmerksam: »Dass ich mein Specereiwaren-Geschäft heute eröffnet habe, verfehle ich nicht sowohl einem hiesigen, wie auch einem auswärtigen Publikum mit dem Bemerken anzuzeigen, dass es mein Bestreben sein wird, jedermann billigst und bestens zu bedienen.«

Im selben Jahr gründet der rührige Unternehmer eine Fabrik für Kaffeeersatz, westlich des Neckars vor der Stadt. Die Nachfrage ist groß, da echter Bohnenkaffee noch teuer ist. In Württemberg hat man um 1820 begonnen, aus der Wurzel der Gemeinen Wegwarte, auch Zichorie genannt, diesen Ersatzkaffee herzustellen. Knorr verkauft seinen Zichorien-Kaffee nicht nur in Württemberg, sondern in ganz Süddeutschland und bis in die Schweiz. Bald ist seine Fabrik die größte in Heilbronn. Doch Knorr ist noch nicht zufrieden, verkauft das Unternehmen und versucht sich in der Textilindustrie. Auf dem Hefenweiler gründet er eine Spinnerei und Tuchfabrik, ein kurzes Zwischenspiel, denn Knorr veräußert sie schon nach drei Jahren wieder. Um 1860 wendet er sich wieder der Nahrungsmittelindustrie zu, handelt mit Agrarprodukten und stellt Dörrobst her, das er bis nach Ungarn verkauft. Mit dieser Rückbesinnung auf sein ursprüngliches Metier beginnt der Aufstieg eines Weltunternehmens.

Einen entscheidenden Impuls bringt der Eintritt seiner beiden Söhne Carl und Alfred in die Geschäftsleitung. Beide setzen auf die Fertigsuppen-Herstellung, die sie in Frankreich kennengelernt haben, und können mit dieser Idee den Vater überzeugen. Ab 1873 beginnt Knorr, Mehl aus Hülsenfrüchten mit Gewürzen und getrockneten Gemüsen zu mischen und in haushaltsüblichen Suppenpackungen auf den Markt zu bringen. Zwei Jahre später stirbt der Firmengründer.

Die Produktion der Erbswurst übernehmen seine Söhne 1889. Erfunden hat sie 1867 ein Koch aus Berlin, der sein Rezept an die preußische Armee verkaufte – zunächst als eiserne Ration für die Soldaten gedacht. Dann ließ das preußische Kriegsministerium versuchsweise Soldaten sechs Wochen ausschließlich durch Erbswurst und Kommissbrot ernähren und stellte sie tonnenweise selbst her. Doch erst durch die Firma Knorr tritt die Erbswurst ihren weltweiten Siegeszug durch die Privathaushalte an.

Um 1860 gründet Carl Heinrich Theodor Knorr in Heilbronn die Firma
C. H. Knorr Engros-Geschäft in Reis, Gerste, Sago und Landesprodukten.

1862

Heilbronn wird zum Eisenbahnknotenpunkt

Als am 7. Dezember 1835 die erste Eisenbahn in Deutschland von Nürnberg nach Führt fährt, bricht in Württemberg ein regelrechtes Eisenbahnfieber aus. In Heilbronn wie in Stuttgart und Ulm entstehen Eisenbahngesellschaften, die über den Verkauf von Aktien Kapital für den Bau privater Eisenbahnlinien sammeln wollen.

Kaufleute und Unternehmer haben schnell erkannt, dass es entscheidend ist, ob eine Stadt an die Eisenbahn angeschlossen wird oder nicht. Gegen solche Vorhaben wendet sich König Wilhelm. Er will keine privaten Eisenbahngesellschaften, sondern eine Staatseisenbahn. Deshalb gewährt er ihnen keine Genehmigungen. Nach seinen Vorstellungen soll eine Linie von Stuttgart über Ulm an den Bodensee gebaut werden, eine von Stuttgart nach Heilbronn und eine an die badische Landesgrenze. So geschieht es. 1848 erreichen die ersten Züge den Heilbronner Bahnhof, den man direkt neben dem Wilhelmskanal errichtet.

Vierzehn Jahre später ist die Ostbahn fertig, die Heilbronn mit Schwäbisch Hall verbindet. Vor der Eröffnung bereitet man die Anwohner an der Strecke auf die neue Situation vor: »Die Strafe des Arbeitshauses soll jeden treffen, welcher durch Aufstellen, Hinlegen oder Hinwerfen von Gegenständen auf die Bahn Gefahren vorsätzlich bereitet.« Am 2. August 1862 wird die Strecke feierlich eingeweiht. Gegen sieben Uhr fährt der Zug mit 200 geladenen Gästen aus Politik, Militär und Wirtschaft in Stuttgart ab und trifft kurz nach acht Uhr im festlich geschmückten Heilbronner Bahnhof ein. Um 8.42 Uhr geht es weiter mit zwei bekränzten Lokomotiven und zwölf Wagen. Mit Böllerschüssen von der Weibertreu wird er in Weinsberg empfangen und die Gäste am Bahnhof mit Trauben und Wein aus zwei Brunnen bewirtet. Am Nachmittag trifft der Zug in Schwäbisch Hall ein und um 18.00 Uhr geht's zurück nach Stuttgart.

Die Eröffnung der Linie hat der Weinsberger Arzt und Dichter Justinus Kerner nicht mehr erlebt, er starb wenige Monate zuvor, wohl aber den Eisenbahnbau im Weinsberger Tal. Fast prophetisch klingen seine Verse:

Aus Weinsbergs Friedhof hebet sich mein Grab.
Wenn mit dem Dampfross ihr vorüberfliegt,
Dann ruft, ihr Lieben: »Grüß Dich Gott!«, mir zu,
Mein Geist fliegt mit euch, nicht vom Tod besieget.

Zehn Jahre später ist die Linie von Heilbronn nach Würzburg fertig. Man kann nun von Heilbronn über Stuttgart und Ulm an den Bodensee, mit der Westbahn über Bietigheim ins Badische bis Bruchsal fahren (Anschluss nach Karlsruhe), mit der Ostbahn nach Schwäbisch Hall und mit der Nordbahn hinauf bis Würzburg. Große Bedeutung haben die Bahnlinien nicht nur für den Güterverkehr, sondern auch für die Pendler, die oft in wenigen Minuten aus den Dörfern längs der Bahnlinie zu den Fabriken Heilbronns gebracht werden können.

▲ Heilbronn 1862: Am rechten Bildrand fährt ein Zug zum Heilbronner Bahnhof, links einer in Richtung Schwäbisch Hall. ▼ Alter Heilbronner Bahnhof, 1848 von Karl Etzel erbaut.

1872

Einführung der Kettenschifffahrt

Auf seiner Reise durch Deutschland im Jahr 1878 macht Mark Twain eine Beobachtung, die ihn tief beeindruckt. Er ist mit einem großen Floß auf dem Neckar von Heilbronn nach Heidelberg unterwegs.

Er schreibt: »Wir liefen nach vorne, um das Fahrzeug zu sehen. Es stellte sich heraus, dass es ein Dampfboot war, ein Schlepper von sehr eigentümlicher Bauart und eigentümlichem Ansehen. Nun kam er herangepflügt unter allerlei Lärm, den er hin und wieder durch das Betätigen einer heiseren Dampfpfeife noch verschlimmerte. Neun Schleppkähne waren an ihn gehängt und folgten ihm in langer, schlanker Reihe. Als er knirschend und ächzend an uns vorbeifuhr, entdeckten wir das Geheimnis seines Antriebs. Er bewegte sich nicht mit Schaufelrädern oder Schrauben fort, sondern zog sich an einer dicken Kette flussaufwärts. Ich hätte nie geglaubt, dass diese Unmöglichkeit zu verwirklichen sei; aber ich habe es selber gesehen und weiß daher nun, dass es eine Unmöglichkeit gibt, die möglich ist. Welches Wunder wird der Mensch als nächstes zu vollbringen suchen?«

Mark Twain ist dem ersten *Neckaresel* begegnet, der erst wenige Wochen im Einsatz ist. Die Eisenbahn machte der Schifffahrt auf dem Neckar zunehmend Konkurrenz. In Heilbronn überlegt man, wie der Gütertransport auf dem Fluss effektiver werden könne. Das gelingt – zumindest aus heutiger Sicht – in atemberaubendem Tempo. 1872 gründen Heilbronner Unternehmer ein Komitee zur Einführung der Kettenschifffahrt auf dem Neckar. Die Planungen beginnen. Nach sechs Jahren bereits fährt der erste *Neckaresel*. Auf der Elbe gibt es die Kettenschifffahrt bereits. Dort holt man sich Rat. Am längsten dauert es, bis die Konzessionen der Neckar-Anrainerstaaten Württemberg, Baden und Hessen vorliegen. Dann geht es sehr schnell. 1877 wird die *Schleppschiffahrt auf dem Neckar AG* gegründet und mit den konkreten Vorbereitungen begonnen. Die *Neckarwerft* in Neckarsulm baut die Schiffskörper, die *Sächsische Dampfschiffahrt- und Maschinenbaugesellschaft* liefert Kesselanlage und Maschine. In wenigen Monaten ist die 115 Kilometer lange schmiedeeiserne Kette von Heilbronn nach Mannheim auf dem Grund des Neckars verlegt und am 23. Mai 1878 kann die Linie eröffnet werden.

Von Mannheim nach Heilbronn zieht der Schlepper die Lastkähne, flussabwärts nutzt man die Strömung. Die Lastenmengen flussaufwärts können so verdoppelt, die Fahrzeit halbiert werden. Von Mannheim nach Heilbronn wird vor allem Kohle verschifft, in umgekehrter Richtung Heilbronner Salz. Bisher hatten Pferde die Schiffe mühsam gegen den Strom gezogen – auf Treidelpfaden am Ufer. In früheren Jahrhunderten hatten das sogar Menschen übernehmen müssen. Der Gütertransport auf dem Neckar ist nun wieder konkurrenzfähig. Doch 1935 bringen moderne Lastschiffe mit Dieselmotoren die Kettendampfschifffahrt auf dem Neckar zum Erliegen.

▲ Der »Neckaresel«, Kettenschleppschifffahrt von Mannheim nach Heilbronn, Postkarte von 1902.

▼ Lastkähne an der Schiffslände. Postkarte um 1900.

Heilbronn, Partie am Neckar

1874

Der rote Kittler und die Heilbronner Arbeiterbewegung

Das Anwachsen der Industriebetriebe seit den 1850er-Jahren bringt viele Arbeiter aus den umliegenden Dörfern nach Heilbronn, die dort in den Fabriken unter größtenteils unmenschlichen Bedingungen um billigen Lohn arbeiten. Kinderarbeit ist an der Tagesordnung, vor allem in der Textilindustrie.

Die Heilbronner Handelskammer beantragt 1858, die Kinderarbeit wenigstens nachts zu verbieten. Für Kinder unter zehn Jahren soll sie auf drei Stunden täglich begrenzt werden. Der Oberamtsarzt beklagt in einem Jahresbericht 1859 die hohe Kindersterblichkeit in Arbeiterhaushalten. Danach sterben im ersten Lebensjahr über die Hälfte der Säuglinge. Mütter gingen oft schon 14 Tage nach der Niederkunft wieder in die Fabrik.

Um diese Verhältnisse zu ändern, formiert sich die Heilbronner Arbeiterbewegung. In seinen Erinnerungen schreibt Gustav Kittler: »Im Januar 1874 erfasste das damalige Gründungsfieber auch fünf Proletarier – je einen Schuhmacher, Schneider, Silberschmied, Schreiner und einen Schlosser – in der ersten württembergischen Industrie- und Handelsstadt. Sie gründeten eine Mitgliedschaft der Sozialdemokratischen Partei Eisenacher Richtung.« Bald treten die Heilbronner Sozialdemokraten auch politisch in Erscheinung. Als Bismarck 1878 zwei Kaiserattentate wider besseres Wissen den Sozialdemokraten in die Schuhe schieben will und darauf die Sozialistengesetze verkünden lässt, reagiert Kittler mit einer Flugblattaktion. Darin macht er klar: »Nicht wegen der Attentate werden wir Sozialisten jetzt verfolgt; unsere Gegner wissen wohl, dass wir daran unschuldig sind wie ein neugeborenes Kind. Die Attentate sind nur ein nichtsnutziger Vorwand, der wahre Grund der Sozialistengesetze liegt darin, dass wir Sozialisten das arme Volk befreien wollen von dem Druck der Geldprotze, der Regierung und der Pfaffen. Das ist unser Verbrechen.«

1885 wird Kittler als erster Sozialdemokrat Württembergs in ein Stadtparlament gewählt. 36 Jahre sitzt er im Heilbronner Gemeinderat. 1898 tritt er auch bei Reichstagswahlen an, verliert aber in einer Stichwahl gegen den Heilbronner Oberbürgermeister Hegelmaier. In der Wahlnacht kommt es zu Zusammenstößen der beiden Lager. Im Verlauf einer tätlichen Auseinandersetzung schlägt der Oberbürgermeister in stark angetrunkenem Zustand wild um sich, um die Anhänger der SPD persönlich zu vertreiben, und verprügelt anschließend auch seinen Bürgermeisterkollegen aus Abstatt. Das hinzugerufene Militär verhaftet an die vierzig Demonstranten, den gewalttätigen Oberbürgermeister freilich nicht.

Nach dem Ende der Monarchie wurde Gustav Kittler 1919 in die Verfassunggebende Landesversammlung Württembergs berufen, die er als Alterspräsident eröffnete.

Gustav Kittler, Grafik (Feder mit Pastell) von Walter Maier-Kößler.

1878

Mark Twain: ein Amerikaner in Heilbronn

Mark Twain, bekannt durch seine Geschichten von Tom Sawyer und Huckleberry Finn, führte – bevor er literarischen Ruhm erwarb – ein abenteuerliches Leben als Lotse auf dem Mississippi, Goldgräber in Kalifornien und Journalist in San Francisco. Dass er den Neckar mit einem Floß von Heilbronn bis Heidelberg befuhr, ist weniger bekannt.

Im Jahr 1878 reist er mit Freunden für anderthalb Jahre nach Europa. Von Hamburg über Frankfurt nach Heidelberg – von wo aus er Heilbronn besucht –, weiter nach Baden-Baden, in die Schweiz und nach Oberitalien. Seine Eindrücke von dieser Reise hat er in dem amüsanten Reisebericht *Bummel durch Europa* festgehalten. In Heilbronn hält er sich einige Tage auf. Wie hat es in Heilbronn um diese Zeit ausgesehen? Was empfanden die amerikanischen Touristen bei ihrem *Bummel* durch das alte Heilbronn?

»Nach dem Essen spazierten wir gemächlich durch die Stadt und fanden sie im Mondschein durchaus genauso interessant wie bei Tage. Die Häuser waren jahrhundertealt und groß genug für Hotels. Sie wurden nach oben zu immer breiter; die Stockwerke ragten von einem zum nächsthöheren immer weiter vor und immer weiter nach beiden Seiten hinaus, und die Reihe erleuchteter Fenster, die mit kleinen Scheiben gefüllt, mit weißem Musselin verhängt und draußen mit Blumenkästen geschmückt waren, erzielten eine hübsche Wirkung und nichts hätte malerischer sein können als diese gewundenen Straßen mit ihren Fluchten ausladender hoher Giebel, die sich auf freundlich schwatzhafte Art dicht zueinander beugten. Fast alles war draußen, plauderte, sang, tollte oder drängte sich müßig und in bequemer Haltung um die offenen Türen.« Das Rathaus fiel ihm auf als »ein Stück sonderbarster und malerischster mittelalterlicher Architektur«. Ausführlich beschreibt er die »berühmte Uhr an der Rathausfassade«. Die Kilianskirche betrachtete er als »seltsames altes Bauwerk mit einem Turm, der mit allerlei sonderbaren Steinfiguren geschmückt ist«.

Ursprünglich hat die Reisegesellschaft vor, mit der Kutsche von Heilbronn nach Heidelberg zurückzufahren. Ihre *Ausfahrt aus Heilbronn* hat Mark Twain in einer humorvollen Zeichnung festgehalten, mit dem Titel *Leaving Heilbronn*. Am rechten Bildrand, in der Staubwolke, hat er mit M.T.p. signiert (Mark Twain pinxit). Launig schreibt er dazu in seinem Reisebericht: »Die Skizze hat mehrere Mängel; z. B. fährt der Wagen nicht so schnell, wie das Pferd läuft. Das ist nicht gut. Die Skizze war im Pariser Salon von 1879 ausgestellt, bekam jedoch keinen Preis. Für Skizzen werden dort keine Preise vergeben.«

Doch die Kutschfahrt endete bereits auf der Neckarbrücke. »Während ich an jenem Morgen in Heilbronn auf die Flöße hinunterblickte, überkam mich plötzlich tollkühne Abenteuerlust und ich sagte zu meinen Weggenossen: Ich fahre mit dem Floß nach Heidelberg. Werden Sie es wagen, mich zu begleiten?«

▲ Mark Twain, um 1875. ▼ Die Zeichnung »Leaving Heilbronn« von Mark Twain.

Leaving Heilbronn.

GRUSS
aus dem Salzwerke HEILBRONN a/N.
Carl Otto Hayd, Kunstverlags-Anstalt, München Nr 1346.

1883

Weißes Gold – Salzkammern unter der Stadt

Jahrhundertelang hatte Heilbronn Salz aus der Sole in Schwäbisch Hall bezogen. Niemand konnte damals ahnen, dass die Stadt auf einem riesigen Steinsalzlager saß. Seit dem 19. Jahrhundert begann man in Württemberg Steinsalz bergmännisch zu fördern. Einer der bedeutendsten Geologen der Zeit war Friedrich von Alberti, der sich dafür einsetzte, dem Bergbau den Vorzug gegenüber der Salzgewinnung durch Verdampfen der Sole zu geben.

Alberti erhielt 1853 von der württembergischen Regierung den Auftrag, in Bad Friedrichshall ein Salzbergwerk anzulegen. Nach seinem Tod begannen Geologen auch im Raum Heilbronn mit Probebohrungen. In 200 Meter Tiefe wurden sie fündig. Schnell war klar, dass es sich um mächtige Salzschichten handelte. Die Stadt Heilbronn gründete daraufhin mit Hilfe verschiedener Banken die *Salzwerk Heilbronn AG*. Zwei Jahre später begann die Steinsalzförderung in Heilbronn. 1899 wurde im benachbarten Kochendorf ein weiterer Schacht, *König Wilhelm II.*, in Betrieb genommen. Seit über 125 Jahren wird im Steinsalzbergwerk Heilbronn, dem größten in Westeuropa, aus bis zu 50 Meter mächtigen Schichten Salz abgebaut.

In einem Besucherbergwerk in Kochendorf kann man sich über die geologischen und erdgeschichtlichen Hintergründe informieren, aber auch über die dramatische Geschichte des Bergwerks. So befanden sich in den letzten Monaten des Zweiten Weltkriegs Rüstungsbetriebe unter Tage, um vor den zunehmenden Luftangriffen geschützt zu sein. Als Arbeiter waren KZ-Häftlinge aus den Lagern Heilbronn-Neckargartach und Kochendorf eingesetzt. Außerdem dienten viele Stollen in den Kriegsjahren als Lagerhallen für Kultur- und andere unersetzliche Güter.

Nach Kriegsende macht sich eine Gruppe alliierter Offiziere daran, nach versteckten Kunstschätzen zu suchen. *Monument men* nennt man sie. In seinem Buch *Schatzkammer Salzbergwerk* hat der Heilbronner Archivdirektor Prof. Dr. Christhard Schrenk diese spannende Geschichte minutiös dargestellt. Darin kommt er zu dem Schluss, dass die Menge und Vielseitigkeit der Kunstschätze, die in den Salzstollen von Heilbronn und Kochendorf eingelagert waren, alle bisherigen ähnlichen Fälle in der Menschheitsgeschichte übertrifft.

Unter den Funden, welche die alliierten Kunstdetektive 1946 machen, sind beispielsweise die ausgelagerten Fenster des Straßburger Münsters, die Stuppacher Madonna von Matthias Grünewald, ein Selbstbildnis von Rembrandt, Bilder von Vincent van Gogh, die badischen Kroninsignien, Handschriften von Goethe und Schiller und Originalnoten von Mozart und Beethoven.

Gelagert waren die Schätze in mehr als 40 000 Kisten. Schrenk weist darauf hin, dass ihre Rettung und Bergung allein dem Einsatz amerikanischer Offiziere zu verdanken sei, die sie in den Stollen aufgespürt hätten. 2014 griff George Clooney die Geschichte dieser *Monument men* für einen Kinofilm auf.

▲ Ein Selbstbildnis von Rembrandt, das im Zweiten Weltkrieg im Heilbronner Salzbergwerk eingelagert war. ▼ Salzwerke Heilbronn, Postkarte um 1890.

1889

Ludwig Pfau und das Kaiser-Wilhelm-Denkmal

Dichter, Politiker, kritischer Journalist und nicht zuletzt Ästhetiker, der sich mit Malerei, Fotografie- und Denkmaltheorie befasst hat: Ludwig Pfau (1821–1894) gilt als einer der brillantesten Intellektuellen seiner Zeit. In der Revolution 1848/49 engagiert sich der überzeugte Demokrat an vorderster Front. Später wurde er Mitbegründer der demokratischen Volkspartei, aus der schließlich die FDP hervorging.

Als man im Deutschen Kaiserreich Demokraten noch als Volksverräter bezeichnete, kämpfte Pfau als kritischer Journalist für Volkssouveränität, Meinungs- und Pressefreiheit. Mehrmals musste er dafür ins Gefängnis. In seiner Heimatstadt Heilbronn feierte man ihn dafür und verlieh ihm die Ehrenbürgerwürde.

Nach dem Tod Kaiser Wilhelms I. im Jahr 1888 plante man landauf, landab Denkmäler für den Sieger im Deutsch-Französischen Krieg 1870/71. Meist saß der Kaiser hoch zu Ross, unter ihm General Moltke und Bismarck, der als wahrer Schöpfer des Deutschen Kaiserreiches gilt. Heilbronn wandte sich in dieser Angelegenheit 1889 an Ludwig Pfau und stürzte ihn damit in einen schweren Konflikt. Während der Revolution hatte Pfau gegen diesen Kaiser gekämpft. Der damalige Prinz von Preußen war in Baden einmarschiert, um der badischen Republik ein Ende zu machen. Sollte er dabei mitwirken, diesem Monarchen, den er einmal als »Korporal Bismarcks« verspottet hatte, ein Denkmal zu setzen? Gegenüber seinen Freunden rechtfertigte er sich damit, dass er ein Heldendenkmal in seiner Heimatstadt verhindern wollte. »Gebaut wird's so oder so«, erklärte er ihnen, dann sollte es sich wenigsten von den üblichen Machwerken unterscheiden. Tatsächlich hebt sich sein Denkmalentwurf deutlich ab: Das Porträt des Kaisers erscheint im Heilbronner Denkmal nur in einem verhältnismäßig kleinen Medaillon. Im Zentrum sitzt Germania, aber nicht als waffenstrotzende Amazone, sondern als treusorgende Mutter, die ihre beiden Knaben, Preußen und die süddeutschen Staaten darstellend, dazu bringt, sich die Hände zur Versöhnung zu reichen. Der Kultur- und Literaturwissenschaftler Friedemann Schmoll, der sich ausführlich mit den Kaiser-Wilhelm-Denkmälern der Zeit befasst hat, weist darauf hin, dass sich Pfaus Entwurf deutlich abhebe von den militaristischen und nationalistischen Monumenten, die später als »Denkmalpest« oder »Denkmalseuche« bezeichnet wurden. Es sei als große Ausnahme positiv hervorzuheben, da es die Einigung der nord- und süddeutschen Länder in den Mittelpunkt stellte.

1893 wurde das Denkmal in der Allee vor der Harmonie aufgestellt. Heute ist es im Alten Friedhof zu finden. Noch ein anderes Heilbronner Denkmal geht auf einen Entwurf Ludwig Pfaus zurück, das Robert-Mayer-Denkmal auf dem Marktplatz. Realisiert wurden beide Denkmäler von dem Münchner Bildhauer Wilhelm von Rümann.

Das Kaiser-Wilhelm-Denkmal des Münchner Bildhauers Wilhelm von Rümann nach einem Entwurf von Ludwig Pfau.

WILHELM I.

Kaulbach
1912

1892

Weltneuheit

1886 war in Heilbronn ein erstes Telefonnetz entstanden und die erste Telefonfernverbindung in Württemberg nach Stuttgart verwirklicht worden. Die Telefonleitung verlief über die schon vorhandene Telegrafenleitung entlang der Eisenbahnlinie. Wenig später griff der Ingenieur Oskar von Miller Überlegungen des Zementwerks in Lauffen am Neckar auf, überschüssigen Strom aus der Wasserkraft des Werks in das zehn Kilometer entfernte Heilbronn zu leiten. Die Stadt erhielt damit als erste überhaupt eine regelmäßige Fernversorgung mit elektrischem Strom.

Viele seiner Kollegen bezweifelten Möglichkeit, Sinn und Zweck einer Starkstromübertragung mit Drehstrom. Als Miller die Leitung der Internationalen Elektrotechnischen Ausstellung in Frankfurt übernommen hat, will er die Zweifler mit einem Großversuch überzeugen. Über 175 Kilometer soll der Strom aus Lauffen nach Frankfurt übertragen werden. Gleichzeitig will er die Wirtschaftlichkeit einer solchen Fernübertragung beweisen. Deshalb erscheint Miller auf dem Heilbronner Rathaus, um die Stadtväter von der Zukunft des elektrischen Stroms zu überzeugen. Das elektrische Licht erzeuge weder Hitze noch schlechte Luft, legt er dar. Bedenken wegen der Gefährlichkeit versucht er damit auszuräumen, dass man höchste Vorsicht walten lasse. Man halte sich streng an die Vorgaben der Reichskommission. Die Bedingungen für die Übertragung aus Lauffen seien äußerst günstig. Der Strom sei bald billig zu haben und unterstütze als günstige Energiequelle vor allem auch das Heilbronner Kleingewerbe. Der Gemeinderat stimmt seinen Plänen zu. Damit ist klar: Nach der Ausstellung soll Heilbronn mit Strom aus Lauffen versorgt werden. Zu diesem Zweck schließt die Stadt am 10. Juli 1890 einen Vertrag mit dem Zementwerk in Lauffen und zwei Monate später genehmigt die württembergische Regierung das Projekt. Ein Jahr später, während die Ausstellung in Frankfurt noch läuft, beginnen in Heilbronn bereits die Verlegungsarbeiten für die Stromkabel.

Die Fernübertragung von Strom aus Lauffen nach Frankfurt ist die Sensation der Frankfurter Ausstellung. Das Eingangsportal erstrahlt am 24. August 1891 erstmals durch den aus Lauffen übertragenen Strom mit Glühlampen, daneben rauscht ein Wasserfall. Die Pumpe wird ebenfalls mit Strom aus Lauffen betrieben. Das Experiment ist geglückt, und die Drehstromtechnik für den Aufbau elektrischer Übertragungsnetze setzt sich danach weltweit durch.

Nach Heilbronn kommt der Lauffener Strom am 16. Januar 1892. Ein halbes Jahr darauf beleuchten elektrische Straßenlaternen die Bahnhofstraße und fünf Jahre später fährt die erste elektrische Straßenbahn vom Bahnhof zur Innenstadt. Der Drehstromgenerator aus Lauffen, der den Strom für die erste Fernübertragung produziert hat, steht heute im Deutschen Museum in München, das Oskar von Miller begründet hat.

Oskar von Miller. Gemälde von Friedrich August von Kaulbach, 1912.

1892

Skandalumwittertes Stadtoberhaupt seines Amtes enthoben

Er gehört mit Sicherheit zu den umstrittensten Stadtoberhäuptern überhaupt. 1892 urteilt der württembergische Innenminister: »Unter sämtlichen Ortsvorstehern des Landes wird nicht einer in Absicht auf die Zahl der Vorstrafen den traurigen Vorrang vor Hegelmaier einnehmen.« Selbst König Wilhelm II. von Württemberg befasst sich höchstpersönlich mit der »causa Hegelmaier«.

Bis zu diesem Zeitpunkt ist der Heilbronner Oberbürgermeister Paul Hegelmaier – vormaliger Staatsanwalt – 31 Mal rechtskräftig verurteilt worden. Vorgeworfen wird ihm unter anderem falsche Beurkundung, unmoralischer Lebenswandel oder ungebührliches Verhalten. Er selbst hat bis dahin an die 50 Strafanzeigen gestellt, dazu 80 Dienstaufsichtsbeschwerden. Für seine Prozessakten hat Hegelmaier einen eigenen Rathausangestellten abgestellt. Schließlich fordern Gemeinderat und Bürgerausschuss die Amtsenthebung. Ein Gremium von Medizinern beurteilt Hegelmaiers Geisteszustand. Sie bescheinigen ihm »Querulantenwahnsinn«. Zur Beobachtung wird er für sechs Wochen in die badische Landesirrenanstalt Illenau eingeliefert. Im Jahr darauf sitzt Hegelmaier wieder im Rathaus und 1898 wählt ihn die Mehrheit der Heilbronner in den Reichstag.

56 Jahre nach seinem Tod wird in Anerkennung seiner Verdienste eine Straße nach ihm benannt, denn Hegelmaier war nicht nur enfant terrible, sondern auch einer der aktivsten Oberbürgermeister, den die Stadt je hatte. In seine Amtszeit fallen beispielsweise der Anschluss an das Strom- und Telefonnetz, Bau und Inbetriebnahme der elektrischen Straßenbahn, der Durchbruch der Kaiserstraße zum Neckar und zur Allee und damit die gerade Ost-Westverbindung durch die Innenstadt bis zum Bahnhof, der Bau einer neuzeitlichen Kanalisation, das Hallenbad am Wollhausplatz, die Einrichtung einer Volksbibliothek, die Bottwartalbahn mit dem Südbahnhof, die Bahnlinie vom Salzwerk zum Neckarsulmer Bahnhof, die Renovierung von Kilianskirche und Rathauskomplex – und nicht zuletzt die große Gewerbeausstellung 1897, die weit über das Königreich Württemberg hinauswirkt und die Entwicklung der Industriestadt nachhaltig fördert.

Doch die Skandale um Hegelmaier hören nicht auf. Schließlich bietet er seinen Rücktritt an – gegen ein stattliches jährliches Ruhegehalt. 1904 wendet er der Stadt nach fast zwanzigjähriger Amtszeit den Rücken, nicht ohne demonstrativ auf sein Heilbronner Bürgerrecht zu verzichten und sich – seiner würdig – mit folgendem Gedicht zu verabschieden:

Leck mich im A..., du Stadt der Krämerseelen,
ich blas aus dir heut meinen Abschiedsmarsch.
An Narrenstreichen wird es euch nicht fehlen,
doch mehr an Licht. Leckt mich im A...

Mein Willkomm einst war fast zu überschwänglich,
der Abschied scheint vielleicht etwas zu barsch.
Das kommt daher: Wir kannten uns zu wenig.
Jetzt aber nur zu gut. Leckt mich im A...

▲ 1892 wurde Oberbürgermeister Paul Hegelmaier für geisteskrank erklärt und des Amtes enthoben. ▼ Postkarte von der Heilbronner Industrie-, Gewerbe- und Kunst-Ausstellung 1897 mit dem Porträt Paul Hegelmaiers.

WANDGEMÄLDE aus FLEINER's WEINSTUBE
Halt' Fremdling hier
Nach Müh' u. Last,
Als trauter Gast
Willkomene
u. vergnügte
Rast.
GRUSS aus der Industrie- Gewerbe u. Kunst-Ausstellung
HEILBRONN
1897.
Officielle Postkarte
gesetzlich geschützt

1905

Theodor Heuss, der Weinbau und der Weingärtnerstand

Schon nach dem zweiten Semester schlägt Theodor Heuss seinem Doktorvater, dem Münchner Professor der Nationalökonomie Lujo Brentano, das Thema für seine Dissertation vor: »Weinbau und Weingärtnerstand in Heilbronn am Neckar«. Da ist er 19 Jahre alt. 1905, mit erst 21 Jahren, legt er die fertige Doktorarbeit vor.

In der Vorbemerkung erklärt er: »Dieser Versuch, die Geschichte und die heutige Lage des Heilbronner Weinbaues darzustellen, verdankt seine Entstehung einer lebhaften Sympathie für die kulturelle Eigenart des Weingärtnerstandes meiner Heimatstadt.«

Geboren ist er 1884 in Brackenheim. Im Alter von sechs Jahren kommt er nach Heilbronn, wo er die Volksschule und das humanistische Karlsgymnasium besucht und 1902 Abitur macht. Früh schon interessiert er sich für die Politik des Pfarrers und liberalen Politikers Friedrich Naumann, dessen Idee ihn fasziniert, die Arbeiterschaft durch soziale Reformen und Teilhabe am zunehmenden Wohlstand in das Staatswesen zu integrieren. Beide setzen auf den Gewerkschaftsgedanken und die Zusammenarbeit mit dem reformorientierten Flügel der Sozialdemokratie. Naumann vermittelt ihm eine Stelle als Redakteur bei der Zeitschrift für Politik, Wirtschaft und geistige Bewegung *Die Hilfe* in Berlin. In Naumanns Haus lernt Heuss seine spätere Frau Elly Knapp kennen, die Tochter des Straßburger Professors für Nationalökonomie Georg Friedrich Knapp. 1912 bietet sich ihm die Chance, den Posten des Chefredakteurs der Heilbronner *Neckar-Zeitung* zu übernehmen und das Paar zieht nach Heilbronn in die Lerchenstraße.

Zeit seines Lebens bleibt Heuss seiner Heimatstadt verbunden. 1950, sechs Jahre nach der Zerstörung Heilbronns, erinnert er sich, nun Bundespräsident, im Vorwort zum Neudruck seiner Dissertation, wie er als junger Student in den ehrwürdigen Räumen des im Rokokostil erbauten Archivs, von dem heute leider nur noch die Fassade steht, alte Urkunden entziffert habe. Auch die verwinkelten Gassen, wo einst die Weingärtner lebten und er »willige Belehrung« gefunden und Freundschaften geschlossen habe, seien niedergebrannt. 1947 lobt der Heilbronner Gemeinderat einen Ideenwettbewerb für den Aufbau der völlig zerstörten Innenstadt aus. Theodor Heuss, damals »Kultminister«, sitzt mit in der Jury. 1959 weiht er den Neubau des Theodor-Heuss-Gymnasiums ein, das aus dem Karlsgymnasium, seiner alten Schule, hervorgegangen ist.

Theodor Heuss sorgt als Gastgeber im Amtssitz des Bundespräsidenten auch für die Förderung des Weins seiner württembergischen Heimat, den er zu verschiedenen Anlässen kredenzen lässt, getreu des Schlusssatzes seiner Doktorarbeit: »Der beste Schutz des einheimischen Weinbaues liegt bei einem zahlreichen und kaufkräftigen Konsumentenstand.«

Theodor Heuss 1905. Ölgemälde von Albert Weisgerber.

1915

»Arbeit statt Almosen« – Elly Heuss-Knapp und die Frauenbewegung

Elly Heuss-Knapp kennt man in erster Linie als Gattin des ersten Bundespräsidenten Theodor Heuss. Dass sie auch in der Frauenbewegung des beginnenden 20. Jahrhunderts aktiv war und während des Ersten Weltkriegs für die Frauen Heilbronns eine segensreiche Rolle gespielt hat, ist dagegen weniger bekannt.

Am 18. Februar 1915 berichtet das sozialdemokratische *Neckar-Echo*: »Der *Mobilmachung der deutschen Küche* hat die überfüllte Versammlung gegolten, die auf gestern Abend von den Frauenvereinigungen der Stadt Heilbronn in die Kilianshallen eingeladen worden war. Über das *Warum* und *Wie* dieser Kriegsnotwendigkeiten sprach Frau Elly Heuss in überaus fesselnder Art und sicher haben ebenso die Frauen der besitzenden Klassen das Ihre gelernt aus der Behandlung des *patriotischen Frühstückstisches* wie die zahlreich gekommenen Angehörigen der lohnarbeitenden Kreise erfuhren, dass auch sie in einer Reihe von Fällen an bestimmten Stoffen den Verbrauch einschränken müssen, z. B. am Kaffee.«

Elly Heuss-Knapp lebt zu dieser Zeit mit ihrem Mann, der in Heilbronn die Stelle des Chefredakteurs der *Neckar-Zeitung* übernommen hat, in einer Wohnung in der Lerchenstraße.

Als Professorentochter wächst sie in Straßburg auf, wird Lehrerin und gründet eine Fortbildungsschule für Mädchen. 1905 beschließt sie, in Freiburg ein Studium der Volkswirtschaftslehre aufzunehmen, wechselt aber bald nach Berlin. Im Hause des Pfarrers und liberalen Politikers Friedrich Naumann lernt sie ihren späteren Mann Theodor Heuss kennen. In ihrer Berliner Zeit beginnt sie sich für die Frauenbewegung zu engagieren und unternimmt Vortragsreisen, die sie unter anderem auch nach Heilbronn führen, wo sie ihre künftige Schwiegermutter kennenlernt. Zurück in Straßburg wirkt sie in der Sozial- und Jugendhilfe mit. In einem intensiven Briefwechsel bleibt sie mit Theodor Heuss eng verbunden. Am 11. April 1908 traut Albert Schweitzer, der Ehemann ihrer Schulfreundin, das Paar in Straßburg.

Theodor Heuss arbeitet als Journalist und engagiert sich in der linksliberalen *Fortschrittlichen Volkspartei*, während seine Frau Volkswirtschaftslehre und Bürgerkunde an Fortbildungsschulen unterrichtet und als Assistentin für Friedrich Naumann tätig ist. Ihr Lehrbuch *Bürgerkunde und Volkswirtschaftslehre für Frauen* wird ein großer Erfolg. Im Vorwort erklärt sie: »Die volle staatsbürgerliche Gleichberechtigung der Frau macht die Kenntnisse vom Staat und vom Wirtschaftsleben auch für die Frauen zur einfachen Selbstverständlichkeit.«

Die Zeit des Ersten Weltkriegs erlebt die Familie Heuss in Heilbronn. Elly Heuss-Knapp leitet die Arbeitsbeschaffungsstelle für Soldatenfrauen, in der mehr als 90 ehrenamtliche Heilbronnerinnen tätig sind. Ihr Ziel ist es, »den Frauen der Eingezogenen Arbeit zu geben statt Almosen.« Nach dem Krieg zieht die Familie Heuß wieder nach Berlin. 1933 erhält ihr Mann Berufsverbot, da er Gegner Hitlers ist. Da ernährt sie die Familie als Werbetexterin für Firmen wie *Nivea*, *Persil*, *Erdal* oder *Kaffee Hag*. 1949 wird Heuss Bundespräsident und seine Gattin gründet das *Deutsche Müttergenesungswerk*.

▲ Briefmarke der Deutschen Bundespost von 1981. ▼ Die Karikatur Friedrich Naumanns nimmt Bezug auf Elly Heuss-Knapps Engagement in der Frauenbewegung.

Konfektions-
·Haus·
E. Lederer

1919

Abraham Gumbel und die Heilbronner Friedensbewegung

Abraham Gumbel gilt in der Friedensbewegung der 1920er-Jahre als Spezialist auf dem Gebiet der Kriegsschuldfrage. Er gehört in Heilbronn der Ortsgruppe der Deutschen Friedensgesellschaft an, deren führender Kopf er ist.

Als in Deutschland Verschwörungstheorien von einer *Kriegsschuldlüge* populär werden, wendet er sich entschieden gegen derartige Versuche, Deutschlands Schuld am Ersten Weltkrieg zu verschleiern, und deckt in seinen Publikationen minutiös die persönliche Verantwortlichkeit des Kaisers und führender deutscher Diplomaten auf.

Gumbel studiert die Reichstags- und Regierungsakten Deutschlands und Österreichs, bis 1919 unter Verschluss gehaltene diplomatische Akten, die *britischen amtlichen Dokumente über den Ursprung des Weltkriegs*, Briefe und Gesandtschaftsberichte aus Frankreich und Russland, persönliche Noten Kaiser Wilhelms II. und zitiert daraus in seinen Publikationen ausführlich und schonungslos. »Wilhelm und seine Handlanger« sieht er als Kriegsverbrecher. Unter anderem schreibt er für *Das Andere Deutschland*, die *Schwäbische Tagwacht*, die *Sonntagszeitung* und *Die Menschheit*. 1919 kommt im Verlag der Deutschen Friedensgesellschaft sein Buch *Schuldfrage* heraus, das eine erbitterte Auseinandersetzung mit dem national-konservativen Lager im *Schwäbischen Merkur*, der führenden Tageszeitung Württembergs, nach sich zieht.

Sein Einsatz zur Aufklärung, wer den später als Urkatastrophe des 20. Jahrhunderts bezeichneten Krieg zu verantworten hat, beeinflusst seinen Neffen, den Mathematiker und Pazifisten Emil Julius Gumbel, entscheidend. Sein unermüdliches Forschen auf diesem Gebiet hat auch einen sehr persönlichen Grund. Wenige Wochen nach Kriegsbeginn fällt sein jüngster Sohn Max mit 21 Jahren auf einem Schlachtfeld in Frankreich, als einer der ersten von 128 jüdischen Frontsoldaten aus Heilbronn.

Abraham Gumbel entstammt einer jüdischen Bankiersfamilie. Nach dem Besuch des Karlsgymnasiums tritt er in die väterliche Bank ein, was ihn nicht daran hindert, bei den Heilbronner Sozialdemokraten um Gustav Kittler engagiert mitzuwirken. 1889 übernimmt er die Führung der Bank *Gumbel am Markt*. Seine einundzwanzigjährige Frau macht er zu seiner Prokuristin. 1909 überführt er die Privatbank in eine GmbH und gründet den *Heilbronner Bankverein*, dessen Geschäftsführer er wird. In Anzeigen wirbt er damit, dass seine Bank auf *Spekulationsgeschäfte in Wertpapieren* verzichtet. Die Bank floriert. Zwischen 1913 und Abraham Gumbels Tod 1930 vervierfacht sich die Zahl der Konten, die Bilanzsummen können verdreifacht werden. 1982 ändert der *Heilbronner Bankverein* seinen Namen in *Volksbank Heilbronn*. Ihr Festsaal trägt den Namen Abraham Gumbels. In der Eingangshalle erinnert eine Büste des zeitgenössischen Künstlers Gunther Stilling an ihren Gründer.

▲ Ansicht des Geschäftshauses Gumbel aus dem Jahre 1910. Im Erdgeschoss befand sich das Konfektionshaus E. Lederer. ▼ Abraham Gumbel.

1920

Erich Schairer – Heilbronner Presseskandal mit Folgen

Er gilt als einer der mutigsten Journalisten der Weimarer Republik, der seine Wortgewalt und seinen Sprachwitz gezielt gegen politische Heuchelei, Nationalismus und Antisemitismus richtete: Erich Schairer.

Ernst Jäckh empfiehlt ihn als Nachfolger von Theodor Heuss nach Heilbronn, als Heuss den Posten des Chefredakteurs der *Neckar-Zeitung* aufgibt, um in Berlin Geschäftsführer des *Deutschen Werkbundes* zu werden. Wie Heuss hat auch Schairer für Naumanns Zeitschrift *Die Hilfe* gearbeitet. 1918 übernimmt Schairer nicht nur den Posten von Heuss bei der *Neckar-Zeitung*, sondern gleich auch dessen Wohnung in der Lerchenstraße.

Doch bald überwirft er sich mit dem Verleger, der es nicht gerne sieht, dass Schairer Leugner der deutschen Kriegsschuld in seinem Blatt angreift. Als er in einem Artikel wieder gegen die Verfechter der *Kriegsschuldlüge* wettert, lässt er Schairers Text aus der Druckplatte herauskratzen. Die Zeitung erscheint am 15. November 1919 mit einem weißen Fleck auf der Titelseite. Noch am selben Tag dieses Presseskandals teilt der Verleger seinem Chefredakteur mit, dass er nicht mehr in der Redaktion zu erscheinen brauche.

Schairer gründet darauf kurzerhand die *Heilbronner Sonntags-Zeitung*, in deren erster Ausgabe vom 4. Januar 1920 er schreibt: »Wir leben dem Buchstaben nach in einer sozialen und demokratischen Republik. Aber der Geist des Sozialismus und der Demokratie, der Rücksicht, Verständnis, Wohlwollen und Gerechtigkeit bedeutet, ist nicht zum Leben erwacht. Diesem Geist wird diese Zeitung dienen.« Die *Heilbronner Sonntags-Zeitung* ändert bald ihren Namen in *Süddeutsche Sonntags-Zeitung*, dann *Sonntagszeitung*, verbreitet sich in kurzer Zeit über ganz Deutschland und wird zu einem der bedeutendsten Wochenblätter. Stolz betont sie ihre Unabhängigkeit: »Die *Sonntags-Zeitung* wird künftig ohne Inserate erscheinen und den Beweis liefern, dass auch heute die Existenz einer Zeitung ohne Inserate möglich ist.« Entschieden kämpft Schairer gegen den Aufstieg des Nationalsozialismus in der Weimarer Republik. So kündigt er noch im Oktober 1932 für seinen Verlag *Das Kleine Hitler-Album* an, mit boshaften Karikaturen vom Illustrator der *Sonntagszeitung*, dem Holzschneider Hans Gerner. Im März 1933 wendet sich Schairer gegen die Zustimmung des Reichstags zum Ermächtigungsgesetz, die er als »Selbstentmachtung des Parlaments« brandmarkt. So nimmt es nicht wunder, dass am 26. März 1933 die *Sonntagszeitung* mit nur einer Meldung erscheint: »Bis auf weiteres verboten«. Redakteure der Zeitung werden in Schutzhaft genommen, Schairer selbst muss sich täglich bei der Gestapo melden.

Nach dem Krieg wird Schairer zunächst Chefredakteur des *Schwäbischen Tagblatts* in Tübingen, bevor ihn die amerikanische Militärregierung nach Stuttgart holt. Schairer und sein Freund Josef Eberle werden die ersten Herausgeber der *Stuttgarter Zeitung*.

Erich Schairer, der Gründer der *Heilbronner Sonntags-Zeitung*.

1922

Victoria Wolff – Von Heilbronn nach Hollywood

Über ihre Jugendjahre in Heilbronn schrieb Victoria Wolff im Vorwort zu ihrem antifaschistischen Roman »Gast in der Heimat«, dass sie sich gern an ihre sorgenfreie Jugendzeit in der Neckarstadt zurückerinnert. Sie sei erfüllt gewesen von »Heimatliebe, Zutrauen und Leichtigkeit« und dem Zugehörigkeitsgefühl zu der »kräftigen, schwäbischen Landschaft«.

Als Trude Victoria Victor, genannt Trudl, wird sie 1903 in Heilbronn geboren, Tochter des jüdischen Lederwarenfabrikanten Jacob Victor. Ihre Mutter stammt aus Laupheim, bekannt mit der Familie des ebenfalls aus Laupheim stammenden Carl Lämmle, der später in Hollywood die Filmstudios *Universal Pictures* gründete. Albert Einstein, ein Verwandter ihres Vaters, gibt ihr Nachhilfeunterricht in Mathematik, als er sich bei seiner Mutter in Heilbronn aufhält. »Es hat keinen Zweck, deine Zeit mit Mathematik zu vertrödeln«, soll er zu ihr gesagt haben. Trotz ihrer Mathe-Schwäche tritt sie nach dem Besuch der Mädchen-Realschule in die Oberstufe des Realgymnasiums, des späteren Robert-Mayer-Gymnasiums, ein und macht dort 1922 als einziges Mädchen ihrer Klasse Abitur.

Auf Wunsch ihres Vaters beginnt sie ein Chemiestudium, wechselt aber bald zur Literaturwissenschaft, denn da schreibt sie bereits Artikel für die Heilbronner *Neckar-Zeitung*. 1924 heiratet sie den Textilunternehmer Alfred Wolf, den sie – Nachbarskinder in der Moltkestraße – seit ihrer Kindheit kennt. Bald schreibt sie auch für die *Frankfurter Zeitung*, die *Kölnische Zeitung*, das *Stuttgarter Neue Tagblatt* und die Berliner Frauenillustrierte *Die Dame* sowie für den Süddeutschen Rundfunk. Mit 28 Jahren veröffentlicht sie einen ersten großen Roman über George Sand.

1933, am Tag des von den Nationalsozialisten ausgerufenen Judenboykotts, verlässt sie mit ihren Kindern Heilbronn und zieht ins Schweizer Exil nach Ascona, während ihr Mann noch in Heilbronn bleibt, um sich um das Familienunternehmen zu kümmern. 1935 erscheint im Amsterdamer Querido-Verlag ihr Roman *Gast in der Heimat*, in dem sie den Aufstieg des Nationalsozialismus in einer schwäbischen Kleinstadt schildert – mit deutlichen Bezügen zu Heilbronn. 1939 wird sie aus der Schweiz ausgewiesen, übersiedelt zunächst nach Nizza und 1941 in die USA. Der Durchbruch als Drehbuchautorin in Hollywood gelingt ihr mit ihrem Roman *Das weiße Abendkleid*. Freundschaftlich verbunden ist sie in dieser Zeit mit den Familien von Thomas Mann, Franz Werfel und Lion Feuchtwanger.

Nach der Scheidung von Alfred Wolf 1945 heiratete sie 1949 den Arzt Dr. Erich Wolff. Nach dem Krieg erscheinen ihre Romane auch wieder in Deutschland, das sie bis zu ihrem Tod 1992 in Los Angeles einige Male besucht, wie auch ihre Heimatstadt Heilbronn. Doch zurückkehren will sie nicht. Sie schreibt dazu, es fehle ihr dafür das Vertrauen. So viele Verwandte und Freunde seien hier getötet worden.

◀ Victoria Wolff. ▶ Albert Einstein, 1921. ▼ Victoria Wolff, geborene Trude Victor, als einziges Mädchen in der Abiturklasse des Heilbronner Realgymnasiums 1922.

Machtergreifung

In der letzten freien Reichstagswahl am 6. November 1932 liegt die SPD in Heilbronn noch klar vor der NSDAP. Auch in der Reichstagswahl am 5. März 1933, die schon von Wahlbehinderung und Verfolgung geprägt ist, schneidet die SPD mit 31,5 % als stärkste Partei ab, knapp vor der NSDAP (31,4 %), die damit nicht einmal ein Drittel der Heilbronner Wahlberechtigten wählt. Im Gemeinderat sehen die Mehrheitsverhältnisse noch eindeutiger aus. Anfang des Jahres 1933 hat die SPD als stärkste Kraft elf Sitze, die NSDAP lediglich drei.

Als Hitler am 30. Januar 1933 zum Reichskanzler ernannt wird, beantragen die Nationalsozialisten, das Rathaus mit Hakenkreuzflaggen zu schmücken, was die Stadtverwaltung ablehnt. Einen Tag später weht auf dem Kiliansturm eine Hakenkreuzfahne. Sie wird entfernt. Gleichwohl veranstaltet die NSDAP einen Fackelzug und eine Kundgebung vor dem Rathaus. Doch wenige Tage später versammeln sich mehrere Tausend Heilbronner auf dem Marktplatz zu einer Gegendemonstration. Bis ins Frühjahr treten die Gegner der Nazis noch massiv in Erscheinung. Doch die neuen Machthaber zögern nicht, die politischen Verhältnisse auch in der SPD-Hochburg Heilbronn umzukrempeln. So setzt Gauleiter Wilhelm Murr, gleichzeitig württembergischer Staatspräsident, am 17. März den Heilbronner Nationalsozialisten Heinrich Gültig als Staatskommissar für Heilbronn ein und wenig später den seit 1921 amtierenden Heilbronner Oberbürgermeister Emil Beutinger ab. Den Gemeinderat lässt er am 4. April 1933 auflösen. Im August legen die Nationalsozialisten eine Neuverteilung der Gemeinderatssitze fest – ohne Wahlen. 18 Sitze bekommen Vertreter der NSDAP, die restlichen zwölf »Vertreter der Gemeindebürger«. Das bleibt so bis 1935. Dann werden 24 *Ratsherren* von der Kreisleitung der NSDAP benannt, welche die Aufgabe haben, die nationalsozialistische Stadtverwaltung zu beraten. Entscheiden können sie nichts.

Vereine und Presse werden gleichgeschaltet, das SPD-nahe *Neckar-Echo* verboten, sein Chefredakteur Fritz Ulrich verhaftet. Bei der Kundgebung gegen Hitler auf dem Marktplatz am 5. Februar 1933 war er einer der Hauptredner gewesen. Durch ihr entschiedenes und brutales Auftreten gelingt es den Nationalsozialisten, vorhandenen Widerstand in Heilbronn zu brechen und die Mehrheit an die Parteilinie anzupassen. Eine Minderheit, in erster Linie Anhänger der SPD und der KPD, setzt im Untergrund den Kampf fort.

Adolf Hitler besucht zweimal Heilbronn, das erste Mal am 15. Mai 1926, als er in der *Harmonie* zwei Stunden lang über »Wesen und Ziele des Nationalsozialismus« spricht. Dabei kommt es auf der Neckarbrücke zu tätlichen Auseinandersetzungen, bei denen die Rufe ertönen: »Schmeißt ihn in den Neckar!« Seinen zweiten Besuch am 20. März 1935 lässt Hitler nicht ankündigen. Das *Heilbronner Tagblatt* kommentiert begeistert: »Das Volk folgt ihm ohne Bedacht und Sorge, denn es weiß: Er ist der Führer!«

1935 besuchte Adolf Hitler Heilbronn auf der Durchreise. Das Bild zeigt ihn auf Höhe der Kreuzung Sülmer- und Kaiserstraße.

HIER WOHNTE
GOTTLOB
FEIDENGRUBER
JG. 1901
IM WIDERSTAND
VERHAFTET 1934
FLUCHT FRANKREICH
VERHAFTET 1943
HINGERICHTET 26.1.1944
BEI PARIS

1934

Dem Widerstandskämpfer Gottlob Feidengruber gelingt die Flucht aus dem Gefängnis

Bereits im Laufe des Jahres 1933 formiert sich in Heilbronn der Widerstand. Junge Sozialdemokraten wie Albert Großhans organisieren die Weitergabe illegaler Schriften der Exil-SPD in Prag, zum Beispiel den *Neuen Vorwärts*. Ebenso bilden sich sozialistische Widerstandsgruppen aus Kommunisten und linken Sozialdemokraten wie die um Hellmut Riegraf, Karl und Sophie Kaiser.

Einer der Heilbronner Widerstandskämpfer ist Gottlob Feidengruber, ein Eisendreher aus der Herbststraße. Er stammt aus einer kinderreichen katholischen Arbeiterfamilie und schließt sich den Kommunisten an. In Heilbronn leitet er eine fünfköpfige Widerstandsgruppe. Im April 1934 wird er verhaftet und im Oberamtsgefängnis Ecke Hohestraße/Klarastraße eingesperrt. Da er magenleidend ist, gestattet die Gefängnisleitung seiner Frau Rose, ihn mit Diätkost zu versorgen. In den Zwischenwänden einer Thermosflasche gelingt es den beiden, Briefe ins Gefängnis hinein- und wieder hinauszuschmuggeln. Ein Freund und Mitkämpfer von ihm sitzt zur gleichen Zeit im Gefängnis und hilft in der Küche mit. Er unterstützt den Fluchtplan, den Rose Feidengruber ausgeheckt hat. Nach der Essensausgabe kann er die Zellentür seines Freundes öffnen, beide flüchten unbemerkt auf das Dach des Gefängnisses und über den Blitzableiter und ein Regenfallrohr in die Freiheit.

Auf abenteuerliche Weise gelingt ihnen die Flucht ins Elsass. Zunächst kämpfen beide im damals noch von Frankreich besetzten Saargebiet gegen den Anschluss an Hitlerdeutschland. Nach der erfolgten »Eingliederung« flieht das Ehepaar nach Südfrankreich, wo Gottlob Feidengruber wieder als Eisendreher arbeitet.

1936 kämpft er im Spanischen Bürgerkrieg gegen die Francofaschisten. Nach dem Sieg Francos geht er wieder nach Frankreich. Als dort deutsche Truppen einmarschieren, schließt er sich der Résistance an und betreibt antifaschistische Aufklärung bei Wehrmachtsangehörigen. Doch ein Nazi-Spitzel verrät ihn, und im März 1943 schnappt ihn die Gestapo. Zunächst kommt er ins Gestapo-Gefängnis nach Lyon, dann nach Paris. Wegen »Wehrkraftzersetzung« wird er zum Tode verurteilt und am 26. Januar 1944 in Paris auf dem Mont Valérien, wo viele französische Widerstandskämpfer hingerichtet werden, erschossen.

Aus seinem Abschiedsbrief: »Meine Lieben! Soeben wird mir mitgeteilt, dass das Todesurteil, das am 12.1. über mich verhängt wurde, heute vollstreckt wird. Ich kann es immer noch selbst nicht glauben, dass es so sein soll. Grüße und küsse Euch also ein letztes Mal. Es fällt mir schwer, mehr zu schreiben. Ein letztes Lebewohl, Euer Feide.«

In Heilbronn erinnert ein Stolperstein an ihn und eine Tafel an der Mauer des Klaraklosters, wo das Oberamtsgefängnis sich einst befand. Auch in Frankreich ehrt man den Widerstandskämpfer aus Heilbronn. 2014 nimmt ihn die Organisation ONAC in die Liste »Mort pour la France« auf. Sein Name ist auch in der Gedenkstätte auf dem Mont Valérien zu finden.

◀ Der Stolperstein in der Herbststraße. ▶ Gottlob Feidengruber.
▼ Gedenkstätte auf dem Mont Valérien.

1938

Am 10. November wird die Synagoge zerstört

Gleich nach der Machtergreifung 1933 beginnen die neuen Machthaber gezielt gegen jüdische Mitbürger vorzugehen. Am 1. April 1933 führen die Nationalsozialisten auch in Heilbronn einen Boykott von Geschäften jüdischer Inhaber durch.

Das nationalsozialistische *Heilbronner Tagblatt* hetzt gegen die Juden, die immer mehr aus dem öffentlichen Leben hinausgedrängt werden. Die groß angelegten Pogrome am 9. und 10. November 1938 in Deutschland und Österreich markieren dann die endgültige Wende zu Verfolgung, Deportation und Vernichtung. In dieser Nacht werden Synagogen in Brand gesteckt, jüdische Geschäfte und Privatwohnungen geplündert und zerstört, jüdische Mitbürger misshandelt. Der Befehl der Parteispitze in München erreicht die nationalsozialistischen Machthaber in Heilbronn am 9. November 1938 gegen 23.30 Uhr. Antijüdische Ausschreitungen sollen organisiert und als spontaner Ausbruch des *Volkszorns* der Bevölkerung gegen die Juden dargestellt werden. In der Nacht beginnen im Innern der Synagoge die Vorbereitungen. Die Täter schichten brennbares Material unter der großen Kuppel auf und entfachen mit Brandbeschleunigern ein Feuer. Anwohner hören Detonationen und alarmieren die Feuerwehr. Um fünf Uhr morgens brennt die Synagoge und um sieben Uhr schießen hohe Flammen aus der Kuppel, die bald in sich zusammenbricht. Rund um die brennende Synagoge drängen sich Schaulustige hinter den Absperrungen und sehen zu, wie die Synagoge ausbrennt. Die Feuerwehr beschränkt sich auf den Schutz der Nachbargebäude und unternimmt keinerlei Maßnahmen, das Feuer zu löschen.

Am Abend bestellt die Kreisleitung 50 bis 60 bewährte NSDAP-Mitglieder in ein Nebenzimmer der *Harmonie* und bespricht mit ihnen die Aktionen gegen jüdische Geschäfts- und Wohnhäuser, die in der Nacht durchzuführen seien. Dann ziehen Gruppen von fünf bis sechs Mann los, um den Befehl auszuführen. Die Gewaltmaßnahmen sind in 30 Minuten beendet. Polizei greift nicht ein. Anschließend trifft man sich zu einem Glas Wein und rühmt sich seiner Taten. Tags darauf werden vorwiegend wohlhabende Juden in die Konzentrationslager Dachau und Welzheim gebracht und dort wochenlang festgehalten. Noch im Jahr 1938 folgt die *Arisierung der Wirtschaft*. Juden müssen Geschäfte und Häuser zu einem Bruchteil des eigentlichen Werts verkaufen. 1933 leben in Heilbronn und Sontheim 855 Juden. 634 von ihnen gelingt noch die Auswanderung. Ende November 1941 beginnen die Deportationen in die Vernichtungslager.

Heute steht am Ende des Synagogenwegs ein Mahnmal mit umgestürzter Kuppel, in unmittelbarer Nähe der alten Heilbronner Synagoge, und erinnert an deren Zerstörung.

Brennende Heilbronner Synagoge an der Allee neben dem Hauptpostgebäude.

4. Dezember 1944

Heilbronn versinkt im Feuersturm

Seit über fünf Jahren herrscht Krieg. Die deutsche Wehrmacht hat in weiten Teilen Europas Städte und Dörfer ausgelöscht. Doch seit Sommer 1944 rücken die Fronten näher. Militärisch ist Deutschland so gut wie besiegt. Aber Hitler will den Krieg bis zum bitteren Ende fortführen und der Luftkrieg tobt weiter.

Die Kontrolle über den eigenen Luftraum hat Deutschland zwar längst verloren. Doch die neuen V1- und V2-Raketen sollen die Wende bringen. Im Sommer 1944 beginnen deutsche Raketenangriffe auf London, Brüssel, Antwerpen und Lüttich. Britische und amerikanische Luftangriffe auf deutsche Städte häufen sich in den letzten Monaten des Krieges. Auch Heilbronn ist davon betroffen. Vergeblich beantragt der Heilbronner Polizeidirektor die Räumung der dicht besiedelten Altstadt. Wenigstens Frauen und Kinder sollten ins Heilbronner Umland gebracht werden, fordert er. Doch Gauleiter Murr und die zuständigen Stellen in Berlin lehnen solche Pläne ab.

Dann kommt der 4. Dezember 1944. Um 16 Uhr starten in der englischen Grafschaft Lincolnshire 282 viermotorige Lancaster-Fernbomber der *Royal Air Force* mit Kurs auf Heilbronn. An diesem Montagabend halten sich in der Heilbronner Innenstadt noch viele Menschen auf. Zwischen 18.49 Uhr und 18.57 Uhr erhält die Heilbronner Warnzentrale die ersten Meldungen über einen bevorstehenden Luftangriff. In der Stadt wird Verdunkelung angeordnet. Die Sirenen heulen, Tausende suchen jetzt in den Bunkern und Luftschutzkellern Zuflucht. Zwanzig Minuten später sind die Bomber da. Jetzt geht es Schlag auf Schlag. Zwischen Allee und Oststraße geht ein Zielmarkierer nieder und streut hellgrün leuchtende Kerzen. Leucht- und Blitzlichtbomben erhellen die Stadt taghell. Zwischen 19.30 Uhr und 19.40 Uhr werfen die Bomber ihre todbringende Last über der Innenstadt ab. Bis gegen 20 Uhr dauert die Bombardierung des Rangierbahnhofs. Nach Ende des Angriffs versuchen viele Menschen stadtauswärts zu fliehen. Andere kehren in die Luftschutzkeller zurück, nachdem sie draußen die brennende Stadt gesehen heben. Sie beschließen, die Nacht über in den Kellern zu bleiben, und ahnen nicht die tödlichen Gefahren, denen sie dort ausgesetzt sind. Denn aus den Einzelbränden entwickelt sich gegen 20 Uhr ein Flächenbrand, aus dem es kein Entrinnen mehr gibt. Ins Freie Flüchtende verbrennen in kürzester Zeit. Aus den Kellern zieht der Feuersturm den Sauerstoff, Tausende ersticken. Etwa 6500 Menschen sterben bei diesem Luftangriff, darunter über 1000 Kinder unter zehn Jahren. Die Innenstadt ist völlig zerstört.

Während des Zweiten Weltkriegs verloren rund 600 000 Menschen in Deutschland ihr Leben infolge von Bombenangriffen. In England forderten die deutschen Luftangriffe zirka 60 000 Opfer, in der Sowjetunion kamen viele Millionen Zivilisten durch deutsche Angriffe ums Leben.

Durch den Luftangriff auf Heilbronn am 4. Dezember 1944 wurde die Innenstadt komplett zerstört.

1946

Eine Bürgerinitiative errichtet die Gedenkstätte KZ-Friedhof

Oberhalb der Böllinger Straße in Neckargartach liegt ein kleiner KZ-Friedhof. Ein Kiesweg führt durch ein schmales Rasenstück auf ein altarähnliches Mahnmal zu, flankiert von inzwischen hochgewachsenen Bäumen. Es trägt die Inschrift: »Sie starben kurz vor der Befreiung.« In russischer Sprache ist angefügt: »Den zu Tode gequälten unter dem faschistischen Joch.«

In unmittelbarer Nähe davon befanden sich Häftlingsbaracken. Heute ist von diesem Konzentrationslager, in dem einmal über 1000 Menschen zusammengepfercht waren, nichts mehr zu sehen. Nur der KZ-Friedhof erinnert noch daran, was sich hier zwischen Sommer 1944 und Frühjahr 1945 abgespielt hat. Meist sind solche Gedenkstätten erst viele Jahre nach dem Ende der nationalsozialistischen Herrschaft entstanden. Dieser KZ-Friedhof ist eher die Ausnahme.

Am 9. April 1946 wenden sich Neckargartacher Bürgerinnen und Bürger um Willy Hagner und Richard Heller an den Heilbronner Oberbürgermeister, der ihre Bitte an die amerikanische Militärregierung weiterleitet: »Aus der Gemeinde Neckargartach heraus kam der Wunsch, diesen Opfern eine würdige Grabstätte zu bereiten. Es bildete sich zu diesem Zweck ein KZ-Friedhofsausschuss, der die Gebeine mit einer höheren Erdschicht überdecken ließ und eine kleine Anlage gestaltete.« Für die Errichtung eines Mahnmals bittet die Bürgerinitiative, eine Geldsammlung durchführen zu dürfen. Es wird anschließend über dem Massengrab von 246 Toten des Lagers aus Trümmern der am 3. April 1945 gesprengten Neckarbrücke errichtet.

Das KZ Neckargartach wird als Außenlager des KZ Natzweiler-Struthof im Sommer 1944 eingerichtet, als die Alliierten Richtung Rhein vorrücken. 80 SS-Leute bewachen das mit Stacheldraht umzäunte Lager mit vier Wachtürmen. Später kommen noch 20 Luftwaffensoldaten hinzu. Ab Herbst 1944 bauen die KZ-Häftlinge Stollen des Salzbergwerks zwischen Kochendorf und Heilbronn zu unterirdischen Werkshallen für die Rüstungsproduktion aus. Nach dem Luftangriff am 4. Dezember 1944 setzt man die Häftlinge bis Ende Januar zur Bergung von Leichen und zu Räumungsarbeiten in der zerstörten Stadt ein, später auch in Böckingen und Neckarsulm, auch zur Entschärfung von Blindgängern.

Als die Front weiter heranrückt, löst die SS im April 1945 das Lager auf. In langen Kolonnen werden Tausende KZ-Häftlinge aus den Lagern Neckarelz, Kochendorf und Neckargartach Richtung Dachau getrieben, wer zu schwach dafür ist, wird in Güterwaggons abtransportiert. Aus Neckargartach müssen zirka 500 Lagerinsassen durch das Weinsberger Tal, die Löwensteiner Berge, über Schwäbisch Hall-Hessental nach Dachau marschieren. Viele von ihnen überleben den Todesmarsch nicht. Eine Augenzeugin erinnert sich daran, wie der Zug Löwenstein passierte: »Auf dem Durchmarsch Schläge, Schreie, Stöhnen. Auf dem Stutz lagen KZ-Gefangene. Einer atmete noch. Aber rein in die Sargkiste, weg und ab. Wir sind wie gelähmt vor Entsetzen.«

Das Mahnmal auf dem KZ-Friedhof in Heilbronn-Neckargartach erinnert an die 246 getöteten Zwangsarbeiter, die hier in einem Massengrab beigesetzt wurden.

1948

Wiederaufbauplan für die Altstadt

1946 schildert Oberbürgermeister Emil Beutinger in Radio Stuttgart die aktuelle Lage in Heilbronn so: »Alle öffentlichen Gebäude jeder Art restlos vernichtet, keine Schule, Kirche, Museum, Krankenhaus, Klinik oder Apotheke erhalten, auch kein Staatsgebäude. Wohin man sieht: Trümmer! Kaum ein Gebäude in der Innenstadt steht noch.«

Die Menschen lebten in notdürftig hergerichteten Kellerwohnungen. Erste Geschäfte öffneten in Baracken oder in Ruinen, mit Behelfsdächern abgedeckt. In diesem Jahr beginnen die Vorbereitungen für einen Gesamtplan, wie denn die Altstadt wiederaufgebaut werden soll. Skeptisch schrieb das *Neckar-Echo* vom 26. September 1946: »Ein Blick aus dem Fenster zeigt uns immer wieder nur Trümmer, aus welchen die Türme der Kilianskirche wie Mahnmale einer längst vergangenen Zeit ragen. Werden wir aus diesen Trümmern einmal wieder menschliche Wohnstätten entstehen sehen, fragen wir uns bange. Die Aussicht hierzu ist nicht allzu groß, wenn in der bisherigen Arbeitsweise fortgefahren wird. Zwar sind die Hauptverkehrsstraßen nun soweit gesäubert, dass Fahr- und Gehwege wieder benützt werden können. Wie sieht es aber mit dem eigentlichen Wiederaufbau, mit der Behebung der furchtbaren Wohnungsnot aus?«

Erst anderthalb Jahre später kann der Gemeinderat einen Rahmenplan für den Aufbau der Altstadt beschließen. Dessen Umsetzung ist nicht einfach. Von den 889 Grundstücksbesitzern im Stadtkern erheben 120 Einspruch. Die Verfahren ziehen sich über Jahre hin. Zum Teil stehen die Steinfassaden der historischen Gebäude noch. Kilianskirche, Nikolaikirche, Rathaus, Götzenturm und Bollwerksturm, Deutschhof mit St. Peter und Paul, Hafenmarktturm und Fleischhaus sollen möglichst im alten Stil restauriert beziehungsweise wiederaufgebaut und wirksam ins neue Stadtbild eingefügt werden. Deshalb sollen Neubauten so gestaltet werden, dass sie den Blick auf die Bauzeugen aus Jahrhunderten nicht verstellen. Nach den Worten des Oberbürgermeisters Paul Meyle soll dabei »nicht nach den Wünschen einzelner Grundstücksbesitzer und erst recht nicht wegen einiger Firmenschilder« vorgegangen werden. Stadtrat Willy Dürr bekräftigt am 11. Juni 1948 in der *Heilbronner Stimme:* »Wir wollen keinen Modernismus einer anonymen Stadt, sondern wir müssen die Altstadt wieder so aufbauen, dass sie wieder Heilbronn ist und nur Heilbronn.«

Das alte Archivgebäude im Rathausinnenhof dient heute als Ehrenhalle für die Toten des Zweiten Weltkriegs und für die Opfer des Nationalsozialismus. Hier finden sich Modelle der Stadt vor der Zerstörung, nach dem Bombenangriff vom 4. Dezember 1944 und nach dem Wiederaufbau; außerdem die Verse:

Aus der Toten Gedächtnis
erwachse der Wille,
Das Gute zu wirken,
dem Frieden der Erde zu dienen.

Wiederaufbauarbeiten am Robert-Mayer-Gymnasium. Hinter den Fassaden der Turm der Friedenskirche, die nicht wieder aufgebaut werden konnte und gesprengt wurde.

1985

Raketenexplosion auf der Waldheide

1988 rufen Heilbronner Friedensgruppen zu einer Protestveranstaltung mit dem SPD-Politiker Erhard Eppler auf. Auf einem Flugblatt formulieren sie ihre Forderungen: »Zum dritten Mal jährt sich der Pershing-II-Raketenunfall auf der Waldheide, bei dem die Heilbronner Bevölkerung nur knapp an einer Katastrophe vorbeiging. Wir fordern: schnellstmöglichen Abzug der Pershing-II-Raketen von der Waldheide, sofortiger Stopp der Baumaßnahmen auf der Waldheide, die Rückgabe der Waldheide an die Heilbronner Bevölkerung als Naherholungsgebiet.« Verantwortlich für das Flugblatt zeichnet unter anderem der CVJM Heilbronn.

Die Waldheide beim Heilbronner Jägerhaus nutzen die amerikanischen Streitkräfte schon seit 1951. Die Pershing-II-Raketen kommen nach dem Nato-Doppelbeschluss im Jahr 1983 nach Heilbronn, Mutlangen und Neu-Ulm – unter strengster Geheimhaltung. Doch als die *Heilbronner Stimme* ein Foto veröffentlicht, auf dem eine Pershing-II eindeutig zu erkennen ist, formiert sich Widerstand. Auch prominente Friedensaktivisten kommen nach Heilbronn, wie Günter Grass, Peter Härtling, Walter Jens, der ehemalige Regierende Bürgermeister von Berlin, Heinrich Albertz, und der Schauspieler Bernhard Minetti.

Etwa ein Jahr später, am 11. Januar 1985, ereignet sich der folgenschwere Unfall, der die Proteste erneut aufflammen lässt. Beim Abladen gerät die erste Stufe einer Rakete in Brand und explodiert, direkt daneben stehen fertig montierte Raketen. Drei Soldaten sterben, 16 werden zum Teil schwer verletzt. Die Heilbronner Feuerwehr rückt aus, um das Feuer zu löschen. Als sie auf der Waldheide eintrifft, stehen die Tore weit offen. Amerikanische Wachposten sind zunächst nicht zu sehen. Acht Stunden dauert der Einsatz. Zu einer Verstrahlung kommt es nicht, doch das Gefahrenpotenzial der Atom-Raketen-Stationierung in einem Ballungsgebiet hat sich eindrücklich gezeigt und führt in Deutschland wie in den USA zu öffentlichen Debatten. Erstmals wird bestätigt, dass 63 Atomraketen in Heilbronn stationiert seien. Weitere 47 sollen noch folgen. Das Gelände wird nun zusätzlich mit Stacheldrahtzäunen, Sicherheitsstreifen, Wachtürmen und Sichtblenden abgeriegelt. Im Gegenzug blockieren Demonstranten die Zufahrt. Der politische Druck auf den Gemeinderat wächst. Neun Tage nach dem folgenschweren Unfall fordert er einstimmig, den Abzug der Raketen aus Heilbronn. Tausende ziehen im Februar 1985 in einem Schweigemarsch zur Waldheide. Wieder gibt es Blockaden und danach Strafverfahren. Doch manche Richter lehnen nun eine Strafverfolgung ab, mit der Begründung, die Angeklagten hätten sich für das öffentliche Wohl eingesetzt. Im selben Jahr wird der Kaiser-Wilhelm-Platz vor dem Robert-Mayer-Gymnasium in Friedensplatz umbenannt.

Bis es zum Abzug der Atomraketen kommt, dauert es noch Jahre. Erst ein Abrüstungsvertrag der USA mit der Sowjetunion 1987 sieht schließlich den Abzug der Atomraketen aus Heilbronn vor. Dieser erfolgt in den Jahren 1988 bis 1990. Dann kann die Stadt das Gelände erwerben, lässt es renaturieren und öffnet 1996 die Waldheide als Naherholungsgebiet für die Heilbronner Bevölkerung.

Ein alter Wachturm im heutigen Naherholungsgebiet Waldheide erinnert an die Zeit der Atomraketen-Stationierung.

2019/20

Akzente des Wandels

Heilbronn gehörte zu den ersten Industriestädten im Südwesten. Technische Innovationen wie die Dampfkraft oder die Elektrifizierung prägten ihre dynamische Entwicklung im 19. Jahrhundert. In den letzten Jahrzehnten sind die Fabriken aus der Innenstadt verschwunden. Fußgängerzonen wie die Neckarmeile mit ihren gastronomischen Angeboten laden zum Flanieren ein. Grünflächen und Parklandschaften am Neckar ziehen sich bis in die Innenstadt.

Dieser Wandel setzte im Jahr 2019 deutlich sichtbare Akzente durch die Bundesgartenschau, die Eröffnung des erweiterten *Science Centers experimenta* und 2020 mit der Verleihung der Bezeichnung »Universitätsstadt« durch das Innenministerium des Landes Baden-Württemberg. Letztere sind eng verbunden mit dem Engagement der *Dieter-Schwarz-Stiftung* für die Entwicklung Heilbronns. Die Bundesgartenschau setzte den Schwerpunkt auf die Erschließung innenstadtnahen Wohnraums. Auf Industriebrache und umgewidmetem Hafen- und Güterbahnhofsgelände begann das große Projekt *Stadtquartier Neckarbogen*, in dem bis Ende des Jahrzehnts 3500 Menschen leben und arbeiten werden. Erste Beispielbauten wurden bereits in die Bundesgartenschau einbezogen.

Doch gibt es auch Konstanten. Der Heilbronner Hafen war für den Aufstieg der Stadt verantwortlich. Heute ist er der wichtigste und umsatzstärkste Neckarhafen. Weinbau und Weinhandel waren seit dem Mittelalter von zentraler Bedeutung. Heute ist die Genossenschaftskellerei Heilbronn eine der größten Winzergenossenschaften des Landes. Lebensmittelverarbeitung und -vertrieb spielen seit dem Beginn der Industrialisierung, seit den 1880er-Jahren auch der Abbau und die Vermarktung von Salz, eine wichtige Rolle. Das ist bis heute so geblieben.

Heilbronn hat in den letzten Jahren einen dynamischen Wandel erlebt. Der Dienstleistungsbereich gewinnt mehr und mehr an Einfluss, und Heilbronn definiert sich zunehmend als Bildungsstadt mit Schulen, Hochschulen und mit vielen Tausend jungen Leuten, die in die Stadt kommen. Neue Wohnviertel entstehen, mit zukunftsweisender Architektur und Flächenplanung, mit Schulen und Geschäften, nur wenige Fußminuten von der Innenstadt entfernt.

Die Lern- und Erlebniswelt der *experimenta* mit dem Schülerforschungszentrum Nordwürttemberg eröffnete 2019 mit einem grandiosen Neubau auf der Kraneninsel. Der Bildungscampus schließt sich direkt an. Dort treffen sich Studentinnen und Studenten der Hochschule Heilbronn, der Dualen Hochschule Baden-Württemberg, der TU München, die hier eine Außenstelle betreibt, und der German Graduate School of Management and Law.

Heilbronn, gewachsen auf einer lebendigen, über tausendjährigen Geschichte, ist offen für die Zukunft.

Futuristischer Erweiterungsbau des *Science Centers experimenta* auf der Kraneninsel.

VITA

Ulrich Maier, Studiendirektor i. R., ist aufgewachsen in Heilbronn, studierte in Stuttgart Geschichte, Linguistik und Literaturwissenschaft und unterrichtete 35 Jahre Deutsch und Geschichte am Justinus-Kerner-Gymnasium in Weinsberg. Bis zu seiner Pensionierung war er außerdem Landeskundebeauftragter des baden-württembergischen Kultusministeriums. Zur Geschichte Heilbronns und seiner Region hat er zahlreiche Sachbücher und historische Romane veröffentlicht.

IMPRESSUM

In diesem Buch wird aus Gründen der besseren Lesbarkeit das generische Maskulinum verwendet. Weibliche und anderweitige Geschlechteridentitäten werden dabei ausdrücklich mitgemeint, soweit es für die Aussage erforderlich ist.

1. Auflage 2021

Umschlaggestaltung: Björn Locke, Nürtingen.

Satz und Layout: Silke Schüler, München.
Lektorat: Kerstin Jaworski, Steißlingen.

Printed in Slovenia by Florjančič.

ISBN 978-3-8425-2362-3

BILDNACHWEIS

Archäologische Sammlung der Städtischen Museen Heilbronn: S. 14, 21 (Foto: gruppe sepia); Ulrich Maier: S. 5, 6, 7, 9, 26, 46 oben und unten, 50 oben, 53 unten, 73, 120; Museum und Park Kalkriese, Archäologische Sammlung der Städtischen Museen Heilbronn: S. 10; Sammlung Schairer: S. 100; Stadtarchiv Heilbronn: S. 25, 29 unten links und unten rechts, 32 unten, 38 unten rechts, 45, 54, 61 unten, 66, 70, 74, 78 oben, 81, 86 unten, 93, 98, 102 oben links und unten, 106 oben rechts, 110, 114; Württembergisches Landesmuseum Stuttgart: S. 13; Angelika Zöller: S. 105 oben links.

Wikimedia Commons: Alfred Schliz, gemeinfrei: S. 18; Beckstet, CC BY-SA 2.0 de: S. 23; Ferdinand Schmutzer, gemeinfrei: S. 102 oben rechts; gemeinfrei: S. 37, 42 oben und unten, 77, 85 oben und unten, 97 oben und unten; Joachim Köhler, CC BY-SA 2.0 de: S. 30 unten, CC BY-SA 3.0 de: 34 unten, 50 unten; K. Jähne, CC BY-SA 3.0 de: S. 78 unten; Louis Meyer, gemeinfrei: S. 86 oben; Luc Viatour, CC BY-SA 3.0 de: S. 17; Peter Schmelzle, CC BY-SA 3.0 de: S. 30 oben, 34 oben, gemeinfrei: 58 unten, CC BY-SA 3.0 de: 113, 117; Philippebajcik, CC BY-SA 3.0 de: S. 105 unten; Rosenzweig, CC BY-SA 3.0 de: S. 38 oben, 41; gemeinfrei: S. 49; Rudolf Dührkoop, gemeinfrei, S. 69; Sailko, CC BY-SA 3.0 de: S. 33 oben; gemeinfrei: S. 33 unten; Sciencemarker, CC BY-SA 4.0 de: S. 118; Ulrich Maier, CC BY-SA 3.0 de: S. 82.

Coverfotos: Hauptbild Kilianskirche © Marc Stephan – Shutterstock; Einklinker von links nach rechts: Heilbronn 1902, Ausschnitt aus der Chromolithografie von Friedrich Ronfort (1868–1949), Wikimedia Commons, gemeinfrei; Das Neckarufer in Heilbronn um 1840. Kolorierter Stahlstich, Wikimedia Commons, gemeinfrei; Neubau experimenta © Sciencemarker, CC BY-SA 4.0 de, Wikimedia Commons; Freisteller: Steinerner Mann an der Kilianskirche © Joachim Köhler, CC BY-SA 3.0 de, Wikimedia Commons.